DER BIOPLANET

Die spektakulärsten Naturreservate weltweit

DER BIOPLANET

Die spektakulärsten Naturreservate weltweit

Vorhergehende Doppelseite: Die Bewohner des Great Barrier Reef sind Verwandlungskünstler oder fantastische Unikate: Auch Grüne Meeresschildkröten haben ihren Platz im Ökosystem des Riffs gefunden. Unten: Das Licht ist immer am Ende des Tunnels, doch auch das Innere der isländischen Eishöhlen bekommt durch Löcher und Spalten Licht von außen, was diese unterschiedlich blau irisieren lässt. Die schwarzen Schichten im Eis sind Vulkanasche.

Diademmeerkatzen sind in den Regenwäldern des südlichen Afrika beheimatet und sehr scheue Zeitgenossen. Sie sind an der weißen Fellzeichnung über ihren Augen gut erkennbar.

Die sechs Gokyo-Seen liegen auf rund 5000 Meter Höhe in Nepals Sagarmatha-Nationalpark, zu dem auch der Mount Everest gehört. An ihren Ufern leben Yaks, die mächtigen Rinder des Himalaya.

ZU DIESEM BUCH

Vom bläulichen Weiß der isländischen Gletscher bis zum tiefen Grün des Amazonas – die Natur kennt in ihrem Farbenrepertoire keine Grenzen. Und auch sonst ist die Erde in ihrer Ursprünglichkeit immer für eine Überraschung bereit. Im Kruger-Nationalpark hinterlassen die wandernden Herden eine lange Spur, im Karakorum recken sich Achttausender dem Himmel entgegen. Sonne und Wind, Regen und Schnee formen Landschaften, bringen hier etwas zum Blühen und dort etwas in Bewegung – ein faszinierendes Wunderwerk liegt stets um uns herum, und kaum kann es etwas geben, das so schützenswert ist wie unser Planet.

Dem Klimawandel zum Trotz wächst der argentinische Perito-Moreno-Gletscher – als einziger der Welt. Brechen größere Stücke des Gletschers ab, der sich in den Lago Argentino ergießt, nennen Glaziologen dies »kalben«.

INHALT

Blick vom Pointe Helbronner (Italien) aus auf das schneebedeckte Panorama der französischen Aiguille du Midi zur Aiguille Verte und Les Drus bis zum Gletscher du Geant und dem Tal von Chamonix.

INHALT

An Farbenpracht und -brillanz kaum noch zu übertreffen, erstrahlt die australische Lord Howe Island von schillerndem Grün umgeben im blendendem Blau der Tasmansee.

INHALT

Orgelpfeifen gleich erheben sich die schlanken roten Felstürme des Bryce Canyon aus dem steinigen Boden. Die farbenprächtigen Kalksteinformationen wurden von Wind und Wetter in Jahrmillionen geschaffen.

EUROPA

Von Spitzbergen bis Sizilien, vom Atlantik bis zum Ural erstreckt sich der europäische Kontinent mit seinen gemäßigten Klimabereichen und seinen abwechslungsreichen Naturräumen. Während in Amerika und Afrika die ersten Schutzgebiete schon im 19. Jahrhundert eingerichtet wurden, entstanden die ersten europäischen Nationalparks erst ab 1909 in Schweden, in der Schweiz, in Polen, Italien und im heutigen Slowenien. In Deutschland wurden 1970 (Bayerischer Wald) und 1978 (Berchtesgaden) die ersten Nationalparks ausgewiesen. Heute zählt man in Europa über 300 Nationalparks.

Auch Europa hat seinen Grand Canyon. Er liegt in der Provence und gehört zu den größten Naturwundern Frankreichs: 21 Kilometer lang ist die Verdonschlucht, bis zu 700 Meter tief, und an den schmalsten Stellen stehen ihre Felswände nur sechs Meter voneinander entfernt.

FJALLABAK
Naturpark

Der 1979 eingerichtete Naturpark Fjallabak umfasst 47 000 Hektar, er liegt zwischen 500 und 1000 Meter hoch, der höchste Berg ist mit 1281 Metern der Háskerðingur. Schon der Name Fjallabak (»hinter dem Berg«) deutet auf wild zerklüftete Berge und tief eingeschnittene Täler hin. Außerdem gibt es Lavaflächen, Sander, Seen und Flüsse. In den letzten 10 000 Jahren gab es hier relat v selten vulkanische Aktivitäten, der letzte Ausbruch datiert aus dem Jahr 1480. Zu dieser Zeit entstanden die Obsidianströme Laugahraun und Námshraun sowie der Lavastrom Norðurnámshraun. Auch der Explosionskrater Ljótipollur und der weiter nordöstlich gelegene Veiðivötn stammen aus dieser Epoche. Größere Eruptionen scheinen im Gebiet von Fjallabak durchschnittlich nur alle 500 Jahre aufzutreten. Doch im Naturpark gibt es noch intensive hydrothermale Aktivität, erkennbar an vielen heißen Quellen und Fumarolen.

Auf einen Blick

Lage: im Süden von Island; dazu gehört auch die Gegend um Landmannalaugar
Größe: 450 km^2
www.fjallabak.is

Ein Fluss zieht sich gemächlich durch das Grasland im Tal, während sich im Schatten der beinahe nackten Berghänge noch große Schneefelder gehalten haben. Grüne Kuppen und rote Vulkanhügel zieren die Landschaft.

Charakteristisch ist die kräftige Färbung der Rhyolithberge, die in der Sonne in fast allen Regenbogenfarben leuchten. Verstärkt wird das beeindruckende Farbspiel noch dadurch, dass Rhyolithe fast vollkommen vegetationslos sind. Im Gegensatz dazu können Palagonitberge von grünem Moos überzogen sein. Beliebte Ziele im Naturpark sind die Gipfel von Bláhnjúkur und Háalda sowie die Fumarolen der Brennisteinsalda.

STROKKUR GULLFOSS

Ockerfarbenes Gestein, porös, rostrot und grün gefleckt von Mineralien. In der Mitte eine unscheinbar wallende Pfütze: Strokkur, die Attraktion im Haukadalur, ruht. Jedoch nur kurz, denn mit faszinierender Regelmäßigkeit entlädt sich der Geysir gen Himmel. Seine Spannung baut sich langsam auf. Wer genau hinsieht, kann ein Pulsieren im Wasser und die Auswölbung einer blau leuchtenden Blase beobachten. Zieht sich das Wasser in die Erdspalte zurück, steht der Ausbruch bevor. Eindrucksvolle 20 Meter hoch schleudert Strokkur seine Fontäne. Und das im Takt von wenigen Minuten. In Geothermalgebieten entstehen Geysire durch den Einschluss erwärmten Wassers in Erdspalten, die sich durch die Bildung von Wasserdampf entladen.

Auf den Strokkur ist Verlass: Alle zehn bis 15 Minuten wiederholt sich der Ausbruch des größten isländischen Geysirs.

Auf einen Blick

Lage: Bláskógabyggð, im Süden von Island (Heißwassertal Haukadalur); direkt daneben befindet sich der nur noch selten ausbrechende Große Geysir (der Namensgeber aller Geysire)
Höhe: 25–35 m

Der »Goldene Wasserfall«, Gullfoss, zählt zu den schönsten und meistbesuchten Islands. Die Hvítá – der »Weiße Fluss« – stürzt über zwei gegeneinander versetzte Fallstufen insgesamt gut 30 Meter in eine enge und mehrere Kilometer lange Schlucht. Im Sommer, wenn die meisten Besucher kommen, führt die Hvítá in der Regel mehr als 100 Kubikmeter Wasser pro Sekunde, was den Gullfoss zu einem imposanten Schauspiel macht. Seit dem Jahr 1979 stehen der Gullfoss und seine Umgebung unter Naturschutz. Dass der Wasserfall, der sich heute in Staatsbesitz befindet, nicht der Energieerzeugung geopfert wurde und heute als kleines Rinnsal in die Schlucht tröpfelt, ist in erster Linie der mutigen Bauerstochter Sigriður Tómasdóttir zu verdanken, die sich vehement für den Erhalt des Gullfoss eingesetzt hat. Zur Erinnerung an sie gibt es in der Nähe ein Denkmal.

Wenn die Wassermassen ins Tal stürzen, steigt ein Teil davon als feiner Sprühnebel in die Luft und führt oft zu kleinen Regenbögen.

Auf einen Blick

Lage: zwischen Hrunamannahreppur und Bláskógabyggð, im Süden von Island (Haukaladur)
Breite: 229 m
Fluss: Hvítá
www.gulfoss.is

Rechts rauscht der Háifoss über 122 Meter in die Tiefe. An der Abbruchkante erkennt man die unterschiedlich harten Gesteinsschichten, die sich im Laufe der Zeit übereinander lagerten.

Der Wasserfall liegt nördlich der Hekla und ist nach Morsárfoss und Glymur der dritthöchste Islands. Über eine steile Stufe stürzt die Fossá 122 Meter in die Tiefe. Nicht weit entfernt gibt es einen weiteren Wasserfall, den Granni (»Nachbar«), der in dieselbe Schlucht stürzt und nicht minder sehenswert ist. Wer das Glück hat, die beiden Wasserfälle im Sonnenschein zu erleben, der sieht im Wasserschleier einen schönen Regenbogen. Den Háifoss er-

HÁIFOSS

reicht man entweder auf einer Piste, die nur mit einem Allradfahrzeug befahrbar ist, oder zu Fuß. Die Wanderung beginnt an den Ausgrabungen von Stöng und führt ohne Markierung durch das Tal der Fossá, das teilweise von farbigen Rhyolithbergen gesäumt ist. Nach rund drei Stunden kommt man oberhalb des Wasserfalls an. Ein schmaler, steiler Pfad führt von dort den Hang hinab zum Fuß des Háifoss in eine grüne Oase.

Auf einen Blick

Lage: zwischen Þjórsárdalur und Fossárdalur, im Süden von Island
Breite: 12 m
Fluss: Fossá í Þjórsárdal

VATNAJÖKULL
Nationalpark

Im Jahr 2008 wurde der Vatnajökull-Nationalpark gegründet, mit einer Fläche von über 12 000 Quadratkilometern der größte Nationalpark Europas. Er umfasst den gesamten Vatnajökull, die ehemals eigenständigen Nationalparks Skaftafell und Jökulsárgljúfur sowie die Vulkanmassive von Askja und Herðubreið. Wie viele andere Gletscher Islands entstand der Vatnajökull nicht während der letzten Eiszeit, sondern vor etwa 2500 Jahren. Besonders stark wuchs er während der sogenannten Kleinen Eiszeit, die vom 15. Jahrhundert bis zum Ende des 19. Jahrhunderts dauerte. Seitdem wird der Gletscher wieder kleiner. Während der Nordteil des Vatnajökull mitten im Hochland liegt, das nur auf holprigen Allradpisten zu erreichen ist, führt an seiner Südkante über weite Strecken die Ringstraße entlang. Oft reicht das Eis bis fast an die Küste, und die Ringstraße zwängt sich durch einen schmalen Streifen eisfreien Landes. Von Kirkjubæjarklaustur im Westen bis jenseits von Höfn im Osten durchquert man in Gletschernähe eine der faszinierendsten Landschaften Islands. Es geht durch die riesige Schwemmlandebene Skeiðarársandur, kurze Abstecher führen zu Gletscherzungen und Gletscherseen, auf denen Eisberge treiben. Doch die wahre Größe dieses Eisriesen erahnt man erst, wenn man auf einen der Gipfel steigt und von dort bis zum Horizont nur eine glitzernde Eisfläche erblickt.

Der größte Nationalpark Islands besticht durch eine einzigartige Mischung aus Gletschern und Vulkanen, sattgrünen Wiesen und schroffem Gestein sowie imposanten Wasserfällen und heißen Quellen.

Auf einen Blick

Lage: Norðurland eystra, Austurland, Suðurland
Größe: 14 200 km²
Gründung: 2008
www.vatnajokulsthjodgardur.is/en

Teile des Vatnajökull-Nationalparks sind im Sommer Brutgebiet für einige Vogelarten. Gerade um die Lagunen herum brüten Küstenseeschwalben. Da diese Vögel Bodenbrüter sind, kommt es immer wieder vor, dass Eier unbedachten Fußgängern zum Opfer fallen.

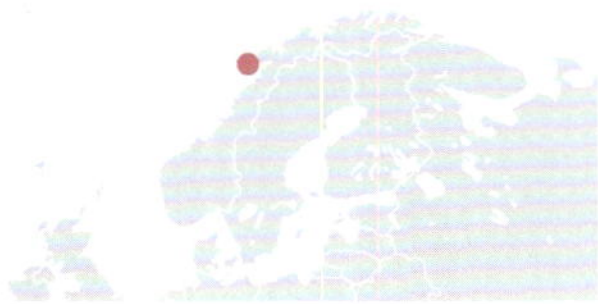

LOFOTEN

»Alpen im Nordmeer« wird die fast märchenhafte Landschaft der Lofoten auch genannt – tatsächlich ähnelt sie mit Bergspitzen und hoch gelegenen Wiesen einer Schweizer Gipfelkette, nur mit überspülten Füßen. Die lang gezogene Inselgruppe ist nach dem Wikingernamen einer einzelnen Insel benannt: Vestvågøy hieß ursprünglich »Lófóten«, »Luchsfuß«, da ihr Umriss einem solchen ähneln soll. Die wichtigsten Eilande sind per Brücke oder heute auch über Tunnel miteinander verbunden. Die Inselkette Lofoten liegt 100 Kilometer nördlich des Polarkreises, was lange Winternächte bringt, doch sorgt der Golfstrom für ein mildes Klima. Seit rund 6000 Jahren leben hier Fischer, davon zeugen die weitverbreiteten Stockfischgestelle und ihre traditionellen Rorbu-Hütten. Inzwischen ist der Tourismus zu einer der wichtigsten Einnahmequellen neben dem Fischfang geworden.

Auf einen Blick

Lage: die insgesamt 80 Inseln liegen nördlich des Polarkreises und gehören zur Provinz Nordland
Größe: 1227 km^2
www.lofoten-info.no

Schroffe Felsen, weiße Sandstrände, mäandernde Flüsse und das offene Meer – die magische Inselwelt der Lofoten zieht einen in seinen Bann. Die beste Aussicht genießt man von oben, etwa vom Gipfel des Offersøykammen.

Links: Dramatische Wolkenformationen über den gezackten, teils schneebedeckten Gipfeln der alpinen Bergwelt von Vestvågøy. Bis zu 1000 Meter ragen die steilen Wände teils aus dem Meer empor.

GEIRANGERFJORD
UNESCO-Welterbe

Der Geirangerfjord steht als eine der schönsten Landschaften der Erde seit dem Jahr 2005 als Weltnaturerbe unter dem Schutz der UNESCO. Er ist der innerste Zweig des 120 Kilometer langen Storfjords, den alljährlich mehr als 150 Kreuzfahrtschiffe aus aller Welt passieren. Vom Schiff aus zu sehen sind unter anderem die drei berühmten Wasserfälle »Sieben Schwestern«, »Freier« und »Brautschleier«. Auch die Hurtigruten-Schiffe legen im Sommer in dem 250-Seelen-Dorf Geiranger am Ende des Fjords an. Die Passstraße Ørneveien, »Adlerstraße«, vom Geirangerfjord zu dem nördlich gelegenen Norddalsfjord ist mit den vielen Serpentinen und Aussichtspunkten eine der atemberaubendsten Bergstraßen in ganz Skandinavien und ein Highlight vieler Urlauber. Nur zu Fuß erreichbar ist dagegen der spektakulärste Aussichtspunkt, das Flydalshornet, in 1112 Metern Höhe senkrecht über dem Fjord.

Auf einen Blick

Lage: etwa 200 km nordöstlich von Bergen und ungefähr 280 km nordwestlich von Oslo in der Provinz Møre og Romsdal
Größe: 15 km
UNESCO-Weltnaturerbe: seit 2005

Der Geirangerfjord gilt als das Juwel unter den norwegischen Fjorden: mit seiner charakteristischen S-Form und den tief aus dem Gebirge herabstürzenden Wasserfällen wie den »Sieben Schwestern« auf der rechten Seite.

In den steilen Hängen des Fjords kann man heute noch viele verlassene Berghöfe entdecken. Einige Höfe wurden restauriert und dienen als wichtige kulturhistorische Stätten.

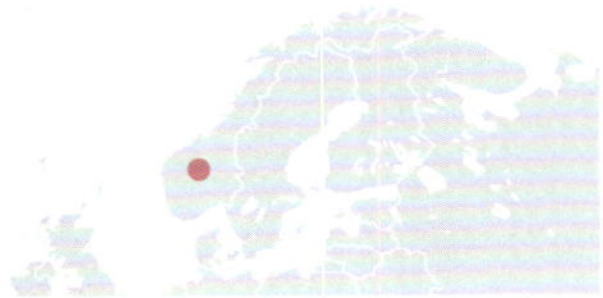

JOTUNHEIMEN
Nationalpark

Der 1980 gegründete Nationalpark umfasst die höchsten Gipfel Nordeuropas. Der Galdhøpiggen bildet mit 2469 Metern die höchste Erhebung Skandinaviens – mehr als 200 weitere Gipfel überragen die 2000-Meter-Marke in dieser vergletscherten Gebirgslandschaft. Der Nationalpark ist nicht nur ein Paradies für Wanderer und Trekker. An den Flüssen und Seen finden auch Wassersportler ideale Bedingungen vor. Am Ostrand des Nationalparks führt die berühmteste Wanderstrecke Norwegens hoch über dem smaragdgrünen See Gjende den Besseggengrat entlang. Auf der Vestland-Seite ist das Gebirge von alpiner Schroffheit geprägt, während die Østland-Seite mit insgesamt eher ruhigen Formen aufwartet. Neben einer sehr artenreichen Vegetation ist das Gebirge auch Heimat vieler Tierarten wie Rentiere, Elche, Rehe, Füchse, Marder, Nerze und Luchse.

Auf einen Blick

Lage: gehört zu den Gemeinden Lom, Vågå und Vang in der Provinz Oppland und den Gemeinden Luster und Årdal in der Provinz Sogn og Fjordane
Größe: 1155 km^2
Gründung: 1980
www.jotunheimen.com

Der Name der alpenähnlichen Gebirgslandschaft im Jotunheimen-Nationalpark geht auf die altnordische Literatur zurück: Jotunheimen bedeutet »Heim der Riesen«, aber auch Trolle und Zwerge sollen hier ihr Unwesen treiben.

Besonders im Juni fallen die farbenfrohen Wiesen in Norwegen auf. Speziell in Höhen zwischen 300 und 600 Metern gedeihen viele Pflanzen besonders üppig. Die Küchenschelle (links) findet man zu dieser Zeit überall im Jotunheimen-Nationalpark.

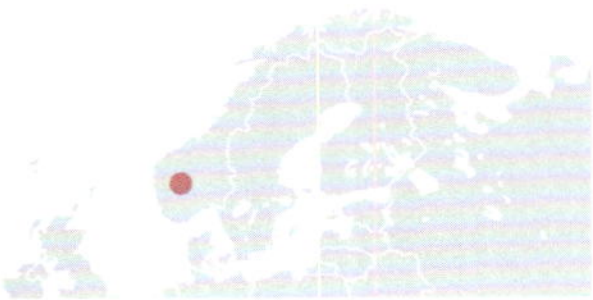

HALLINGSKARVET
Nationalpark

Obwohl der listige Rotfuchs versucht, dem Steinadler seine Beute abzujagen, behält der große Raubvogel zum Schluss die Überhand (Bildleiste rechts). Er verteidigt den Kadaver und schlägt den Rivalen in die Flucht.

Dieser 135 Kilometer östlich von Bergen gelegene Nationalpark wurde zum Schutz eines großflächigen Bergplateaus gegründet. In dem 450 Quadratkilometer großen Gebiet ragen einzelne Berggipfel bis zu 1933 Meter empor. Der Flakavatnet-See liegt in einer Höhe von 1453 Metern und ist damit der höchstgelegene See Norwegens. Auf der von grasigen Matten bedeckten Hochebene finden sich über 300 teilweise arktische Arten von Gräsern, Farnen und Blütenpflanzen, darunter der Alpen-Enzian, der Alpen-Ehrenpreis und die Orchideenart Weiße Höswurz. Doch nicht nur die Pflanzen-, auch die Tierwelt ist arktisch-alpin geprägt: Der Park bietet Polarfüchsen, Schneehasen, Elchen, großen Bergrentierherden und auch Steinadlern einen Lebensraum. Bewirtschaftete Hütten und historische Schutzhütten, die an einem alten Handelsweg liegen, bieten für Wanderer Übernachtungsmöglichkeiten.

Auf einen Blick

Lage: gehört zu den Gemeinden Hol (Provinz Buskerud), Ulvik (Provinz Hordaland) und Aurland (Provinz Sogn og Fjordane)
Größe: 450 km^2
Gründung: 2006

RINGEDALSVATNET UND TROLLTUNGA

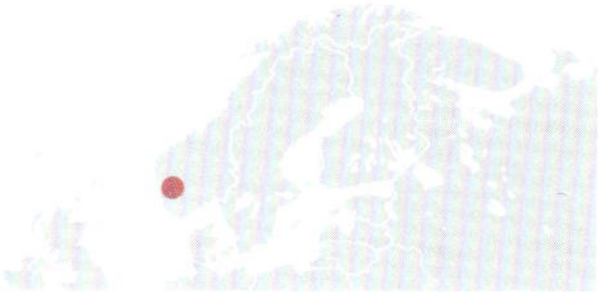

Einer der wohl spektakulärsten Aussichtspunkte Norwegens ist die rund zehn Meter horizontal herausragende Felszunge Trolltunga nordöstlich der Stadt Odda. Hat man den zwölf Kilometer langen Anstieg von der Ortschaft Skjeggedal bis Trolltunga geschafft, wird man mit einem unvergesslichen Panorama belohnt: Aus 700 Meter Höhe sieht man auf das tiefblaue Wasser des Ringedalsvatnet-Sees, eingerahmt von den teils schneebedeckten Bergen des Tyssedalsfjells. Bis zu 40 000 Touristen erklimmen jedes Jahr die Felsnase. Bis 2014 konnte man einen Teil des Weges mit der Mågelibane, einer Standseilbahn, abkürzen. Seit diese ihren Betrieb eingestellt hat, kann Trolltunga nur noch in einer zehn- bis zwölfstündigen Wanderung erreicht werden. Jeder, der bisher auf der »Trollzunge« gestanden hat, wird bestätigen: Die Mühe hat sich wirklich gelohnt.

Auf einen Blick

Lage: nordöstlich von Odda am Sørfjord in der Provinz Hordaland
Länge: 10 m
Höhe: 700 m
de.visitbergen.com/erlebnisse/trolltunga

RINGEDALSVATNET UND TROLLTUNGA

Von der »Trollzunge« hat man eine weite Sicht über die Berge und den unten liegenden Stausee Ringedalsvatnet. Für viele Touristen ist ein Bild auf dem exponierten Felsen ein Highlight ihres Norwegen-Besuchs.

In der norwegischen Mythologie versteinern Trolle, wenn sie Sonnenlicht ausgesetzt sind. Der Legende nach wollte ein verspielter Troll testen, ob dies stimmt und streckte bei Sonnenaufgang die Zunge aus seiner Höhle.

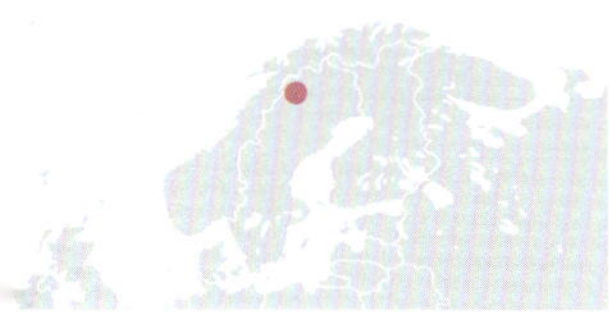

SAREK
Nationalpark | UNESCO-Welterbe

Der Sarek-Nationalpark bietet dramatisch schöne Natur in all ihren Facetten, fernab von jeglichem Tourismus. Aus der Luft betrachtet, lässt sich der unbeirrte Lauf der Flüsse erkennen, die sich durch das satte Grün dieser Landschaft ziehen. Durch den Sarek-Nationalpark führen keinerlei Wege, die das Bild stören könnten. Kleine, aber auch größere Seen liegen türkisfarben wie Kleckse darin, hier bestimmt allein die Natur. Lapplands Wildnis zeigt sich dort von ihrer schönsten und unzugänglichsten Seite, in den riesigen stillen Wäldern und der endlosen sibirischen Taiga. Zusammen mit anderen Parks gehört auch der Sarek-Nationalpark zum UNESCO-Welterbe »Laponia«. Er gilt als der ursprünglichste Nationalpark Schwedens und bietet eine beeindruckende Mischung aus Hochebenen, Tälern mit Birkenwäldern und Gebirgszügen. Beinahe 100 Gletscher liegen in dieser Region.

Auf einen Blick

Lage: Lappland, in der Provinz Norrbottens län, in der Gemeinde Jokkmokk
Größe: 1970 km^2
Gründung: 1909
UNESCO-Weltnaturerbe: seit 1996
sverigesnationalparker.se/park/sarek-national-park/

Auf dem Gebiet des Sarek-Nationalparks liegen sechs der 13 höchsten Berge Schwedens. Der Park ist nicht ausgelegt für Tourismus: eine wilde und unberührte Landschaft, die das Volk der Samen seit Urzeiten besiedelt.

Eine der letzten wilden Regionen Europas wird von Tieren besiedelt, die der rauen Natur trotzen. Zu ihnen zählen Goldregenpfeifer, Lemminge, Alpenschneehühner (Bildleiste von oben) und die majestätisch imposanten Elche (links).

NEDRE DALÄLVEN

UNESCO-Biosphärenreservat

Die einzigartige Landschaft, die sich entlang des Flusses Nedre Dalälven erstreckt, wurde 2011 als UNESCO-Biosphärenreservat anerkannt. Mit 542 Kilometern ist der aus Österdalälven und Västerdalälven zusammenfließende Dalälven der größte in Schweden, der in die Ostsee mündet. An seinem Unterlauf sammeln sich die Wassermassen zu großen Seen. Die Flusslandschaft Nedre Dalälven bildet die Grenze zwischen zwei nordeuropäischen Vegetationszonen, hier gehen der für Mitteleuropa typische Laubwald und der beginnende Nadelwald ineinander über und verleihen der Region eine einzigartige Vielseitigkeit. Davon profitieren sowohl die Tier- als auch die Pflanzenwelt und zeigen sich hier in erstaunlich großer Diversität und Artenvielfalt. Zum Biosphärenreservat gehören auch der Hovransee und die Färnebofjärden-Bucht, ein zum Ramsar-Netzwerk gehörendes Feuchtgebiet.

Auf einen Blick

Lage: in der historischen Provinz Uppland, 100 km nördlich von Stockholm
Größe: 3080 km^2
Anerkennung als UNESCO-Biosphärenreservat: 2011
www.nedredalalven.se

Ruhig und friedlich liegt die Landschaft entlang des Nedre Dalälven in der Nachmittagssonne. Das Biosphärenreservat liegt nicht weit entfernt von Stockholm, doch das trubelige Großstadtleben könnte nicht ferner sein.

Räuber unter sich: Der Seeadler ernährt sich überwiegend von Fischen und Wasservögeln (ganz links). Der als aggressiv geltende Hecht bleibt als Standfisch gern an ruhigeren Plätze in Ufernähe (links).

FÄRÖER

Die Gruppe der Faröerinseln liegt im Nordatlantik zwischen den Britischen Inseln, Norwegen und Island. Sie besteht aus 18 Inseln, die – bis auf die kleinste – alle ständig bewohnt sind. Die Faröer, wie sie kurz genannt werden, gehören zur dänischen Krone, sind aber eine Autonomie. Ihre Entstehung liegt etwa 60 Millionen Jahre zurück und ist vulkanischen Ursprungs, vorherrschendes Gestein ist Basalt. Der Archipel bildet ein spitz zulaufendes Dreieck, das von Enniberg im Norden bis Sumbiasteinur im Süden 118 Kilometer Länge misst, von Mykinesholmur im Westen bis Fugloy im Osten 75 Kilometer Breite. Kein Ort auf den Faröern ist mehr als fünf Kilometer vom Meer entfernt. Vom höchsten Berg aus, dem Slættaratindur, lässt sich bei guter Sicht der ganze Archipel überblicken. Das höchste Kliff der Welt ragt hier mit 754 Metern senkrecht aus dem Meer.

Ein einzigartiges Stückchen Erde: Der Golfstrom beschert den Färöerinseln ein vergleichsweise mildes Klima, die Luft ist meist klar. Schnell wechselndes Wetter ist allerdings nicht ungewöhnlich.

Der Papageitaucher mit seinem leuchtend orangefarbenen Schnabel profitiert von der isolierten Lage der Inseln: Hier leben weder Reptilien noch größere Säugetiere, die ihm gefährlich werden könnten.

Auf einen Blick

Lage: im Nordatlantik zwischen den Britischen Inseln, Norwegen und Island
Größe: 1399 km^2
visitfaroeislands.com

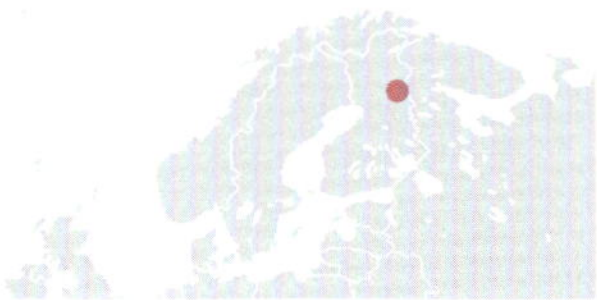

OULANKA
Nationalpark

Das Sprichwort sagt, dass man manchmal vor lauter Bäumen den Wald nicht mehr sieht. Im Oulanka-Nationalpark im südlichen finnischen Lappland sieht man vor lauter Bäumen nichts als Wald. Unvorstellbare zwei Drittel der Landesfläche Finnlands werden von Wäldern bedeckt, und nirgendwo wird dieses Übermaß eindrücklicher als in Oulanka, einer rauen, menschenleeren Welt aus Tälern, Canyons

und Mooren, in denen Luchse, Wölfe, Vielfraße und Bären hausen. Eine unglaubliche Stille liegt über diesem Land. Man hat den Eindruck, als habe es diesen Wald schon immer gegeben, doch um die Wende zum 20. Jahrhundert legte ein fürchterlicher Flächenbrand die gesamte Region in Asche. Der Wald ist also vergleichsweise jung und angesichts der harten Winter extrem widerstandsfähig.

Auf einen Blick

Lage: in der Provinz Nordösterbotten in den Gemeinden Käylä, Juuma und Hautajärvi
Größe: 290 km^2
Gründung: 1956
www.nationalparks.fi/oulankanp

Fernab aller Zivilisation hat die Natur das Sagen: Der Unglückshäher kennt 25 Laute, um Artgenossen vor Feinden zu warnen. Seidenschwanz, Birk- und Haselhuhn können davon ebenfalls profitieren (Bildleiste von oben).

ŽUVINTAS
UNESCO-Biosphärenreservat

Das erste Schutzgebiet Litauens – Žuvintas – wurde 1937 eingerichtet und 2011 als Biosphärenreservat von der UNESCO anerkannt. Es befindet sich am mittleren Flusslauf des Nemunas (Memel) und dem oberen Flusslauf der Neris. Auf dem Terrain des Biosphärenreservats liegen die Seen Žuvintas und Amalva und deren Feuchtland, außerdem der See Žalytis mit den angrenzenden Sümpfen sowie die Wälder von Bukta. Obwohl das Schutzgebiet mehr als 1000 Pflanzenarten beheimatet, ist es vor allem für seine Vogelvielfalt bekannt. Von den 300 in Litauen registrierten Arten findet man über 250 im Schutzgebiet und etwa 130 brüten in der Umgebung. Zwei Lehrpfade sollen zum Schutz des Reservats beitragen: ein Naturlehrpfad durch den Forst von Bukta, auf dem man viele seltene Pflanzen und Vögel kennenlernt, sowie ein Seelehrpfad zur Vogelbeobachtung.

Das Biosphärenreservat Žuvintas im Tiefland des südlichen Litauens breitet sich um den gleichnamigen See aus. Aufgrund der sumpfigen Untergründe ist das Gebiet nicht so leicht zugänglich.

Um die reiche Flora und Fauna im Biosphärenreservat zu schützen, darf man das Gebiet nur mit Genehmigung und in Begleitung eines Führers betreten. Bildleiste von oben: Klappergrasmücke, Weißstorch, Braunkehlchen. Links: ein Reh im hohen Gras.

Auf einen Blick

Lage: Grenzgebiet Suvalkija/ Dzūkija, im Süden Litauens
Größe: 600 km^2
Gründung: 1937
Anerkennung als UNESCO-Biosphärenreservat: 2011

CLIFFS OF MOHER
UNESCO Global Geopark

Zwischen Liscannor und Doolin erstrecken sich an einigen Stellen über 200 Meter hohe Klippen, die ein bewegendes Küstenpanorama bieten. Wanderer finden hier einen schönen, 35 Kilometer langen Weg vor. Beim schwindelerregenden Blick von den Cliffs of Moher hinunter zur aufsprühenden Gischt und auf erodierte Felsnadeln bekommt man eine Vorstellung von der Kraft der atlantischen Brecher. Leider führte der Besucherandrang dazu, dass das Naturschauspiel besonders im Bereich um den 1835 als Aussichtsturm gebauten O'Brien's Tower unschön mit Parkplätzen, Cafés und Plattformen verbaut wurde. Das südliche Ende der lang gezogenen Felsklippen beim abgeschiedeneren Hag's Head bietet besonders abends, wenn die untergehende Sonne die gewaltigen Schichten aus Sandstein und Tonschiefer erleuchtet, ein imposantes Spektakel.

Auf einen Blick

Lage: Burren and Cliffs of Moher Geopark, Karstlandschaft im Nordwesten des County Clare in Irland
Größe: 530 km^2
Anerkennung als UNESCO Global Geopark: 2015
www.cliffsofmoher.ie

Kein Irlandbesuch ist komplett ohne einen Ausflug zu den Cliffs of Moher. Diese legendären Steilklippen erreichen an ihrer höchsten Stelle 214 Meter und sind die Heimat von über 20 Meeresvogelarten.

Die Cliffs of Moher sind die bekanntesten Steilklippen Irlands. Der Name stammt vom Wort Mothar ab (gesprochen »moher«). Es bezeichnet eine von Pflanzen überwucherte Ruine, die früher der Wohnsitz eines Häuptlings in der Provinz Munster war. In der Nähe der Klippen liegt ein altes Steinfort bei Hag's Head namens Moher O'Ruan, das letztendlich den Cliffs of Moher ihren Namen gab.

GIANT'S CAUSEWAY
UNESCO-Welterbe

Hauptattraktion der Causeway Coast ist der mit einer Museumsbahn von Bushmills aus zu erreichende Giant's Causeway. »Straße des Riesen« heißt das Naturwunder nach einer der vielen Legenden, die sich um diesen Ort ranken. Sie erzählt davon, dass der irische Riese Finn, als er von einem Gegenspieler herausgefordert wurde, einen Steinweg über die See nach Schottland errichtet haben soll, wo es auf der Insel Staffa ähnliche Basaltformationen gibt. Wissenschaftler haben eine nüchternere Erklärung für dieses 1986 von der UNESCO zum Welterbe ernannte Naturwunder: Ihnen zufolge entstand es vor rund 60 Millionen Jahren durch Kristallisierungsprozesse, als nach unterirdischen Eruptionen ins Meer ausströmende Lava langsam erkaltete. Übrig blieben rund 40 000 bis zu sechs Meter hoch aus dem Meer ragende Basaltsäulen, die eine fünf Kilometer lange vorspringende Landzunge bilden.

Auf einen Blick

Lage: nördliche Küste des County Antrim, östlich von Bushmills, ca. 80 km von Belfast entfernt
Größe: 0,7 km^2
UNESCO-Weltnaturerbe: seit 1986

Wie eine von Menschenhand erbaute gigantische Treppe wirkt der Giant's Causeway. Unter den meistens sechseckigen Basaltsäulen finden sich auch Steine mit vier, fünf, sieben oder gar acht Ecken.

John D. Sutter reiste für den TV-Sender CNN im Uhrzeigersinn um die irische Insel. Seine Beschreibung des Giant's Causeway lässt die Magie des Ortes erahnen: »Eine Felsenschlucht in perfektem Grün mündet in eine Ansammlung von vulkanischen Steinformationen, die vollkommen surreal wirken: Fast perfekte sechseckige Säulen stehen hier, eine neben der anderen, wie Teile eines Puzzles.«

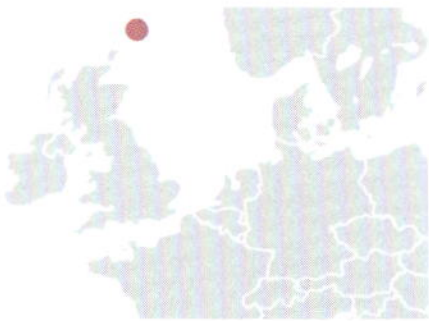

SHETLAND
UNESCO Global Geopark

Wer die Schotten für eigen hält, sollte unbedingt auf die Shetlands reisen. Ihre Bewohner empfinden sich nicht als Schotten, schon gar nicht als Briten. Sie sind Shetländer. Hier ist alles anders. Das Klima: Die Winter sind lang, aber mild, die Sommer kurz und kühl. Das Licht: Im Sommer wird es nicht dunkel. Die Tierwelt: Klar, es gibt die berühmten Ponys, aber auch Wale und unendlich viele Seevögel. Die Sprache: Nur weil der norwegische König Christian I. die rund 100 Inseln (16 davon bewohnt) 1469 verschenkte, gehören sie nicht mehr zu Skandinavien. Dennoch ist die Historie präsent. Die altnordische Sprache ist überall zu hören – von praktisch jedem Ortsnamen bis hin zum regionalen Dialekt, der mit dem typisch skandinavischen Klang gesprochen wird. Besonders erwähnenswert ist der Klippenabschnitt durch den erloschenen Vulkan bei Eshaness, der innerhalb des Geoparks liegt.

Auf einen Blick

Lage: erstreckt sich über den gesamten Shetland-Archipel vor der Nordküste des schottischen Festlands
Gründung: 2000
Anerkennung als UNESCO Global Geopark: 2015
www.shetlandamenity.org

Die Shetlands sind nichts für Liebhaber palmengesäumter Puderzuckerstrände. Vor allem sind sie kantig. Dafür bekommt man einen kulturellen Mix und Ruhe! Wer sich die mit etwa einer Million Seevögel teilen möchte, ist hier richtig.

Die Klippen beherbergen zahlreiche nistende Seevögel einschließlich Eissturmvögel, Möwen, Kormorane und Papageitaucher. Die meisten davon ziehen im Herbst weiter, nur den Tölpel kann man dann noch am felsigen Ufer zwischen Krustentieren sehen. Die gehören übrigens traditionell zur schottischen Küche. Hier ist die See sauberer, Hummer und Schalentiere haben eine hohe Qualität.

GLEN COE

Eine Pyramide, so perfekt wie ein pharaonisches Königsgrab: Der Buachaille Etive Mòr (1022 Meter hoch, alle Abbildungen) thront wie ein steinerner Herrscher über dem Tal von Glen Coe.

Wenn der landestypische Nebel aufzieht und das Tal des Glen Coe (der hier angesiedelte Ort nennt sich Glencoe) in eine mystische Landschaft verzaubert, dann mögen die Gedanken zurückschweifen zum berühmt-berüchtigten »Massaker von Glencoe«, bei dem in einer Winternacht des Jahres 1692 Dutzende Männer, Frauen und Kinder ermordet wurden. Heute ist das Tal friedlich und bei Wanderern sehr beliebt, die hier südlich des Ben Nevis, des mit 1344 Metern höchsten Berges der Britischen Inseln, eine traumhafte Berglandschaft mit schroffen, schneebedeckten Hängen, von Gletschern erodierten Tälern, Wasserfällen, Seen, Mooren und tundrenartiger Vegetation vorfinden. Jedoch sollten trotz dieser Naturidylle die für Schottland typischen raschen und unvermittelten Witterungswechsel nicht unterschätzt werden.

Von wildromantischer Schönheit ist das bei Wintersportlern, Wanderern und Bergsteigern gleichermaßen beliebte Tal von Glen Coe. Hier wurde beispielsweise auch der James-Bond-Streifen »Skyfall« (2012) gedreht.

Auf einen Blick

Lage: in der Council Area Highland, Ausgangspunkt für Besuche ist oft das nahe gelegene Fort William
Länge: 16 km

LOCH LOMOND & THE TROSSACHS

Nationalpark

Wo die Lowlands in die Highlands übergehen, eröffnete Prinzessin Anne 2002 den Nationalpark auf einem Gelände von knapp 1900 Quadratkilometern. Sein Name verrät, was er umfasst, nämlich den Loch Lomond, berühmt für seine bewaldeten Uferregionen und seine Inseln, und die Hügel der Trossachs mit ihrem alten Baumbestand. Das Waldgebiet befindet sich im östlichen Teil des Parks. Auch hier gibt es zahlreiche kleine Seen, dazu Berge. Die höchste Erhebung, der 1174 Meter hohe Ben More, liegt jedoch im Norden. Ihn findet man im dritten Bereich des Parks, in Breadalbane. Der vierte Teil ist der Argyll Forest Park. Verlässt man die Lowlands in Richtung Highlands, passiert man den Loch Lomond. Eine recht stark befahrene Straße führt an seinem Westufer entlang. Wanderer bevorzugen das östliche Ufer, das mehr ursprüngliche Natur und Ruhe bereithält.

Auf einen Blick

Lage: unterteilt sich geografisch in vier Regionen: Loch Lomond, die Trossachs, Breadalbane und Argyll Forest
Größe: 1900 km^2
Gründung: 2002
www.lochlomond-trossachs.org

Die dichten, ursprünglichen Wälder und die vielen kleinen Seen werden als die Trossachs bezeichnet. Der Loch Lomond ist Großbritanniens größter See. Vielleicht begegnet einem hier sogar das Ungeheuer des Loch Lomond?

Der Held der Trossachs ist Rob Roy (Robert Roy MacGregor). Der Viehhändler wird gern als »Robin Hood Schottlands« bezeichnet. Ein Informationszentrum über sein Leben und sein Grab liegen auf dem Gebiet des Nationalparks.

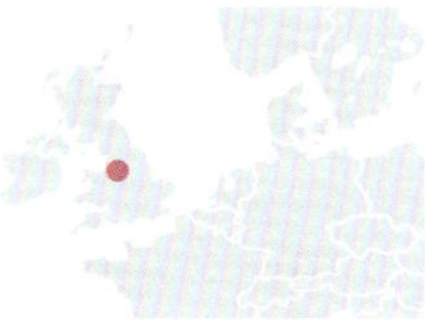

PEAK DISTRICT
Nationalpark

Eingeschlossen von den Industriestädten Manchester, Sheffield und Stoke-on-Trent, ist der Peak District Englands ältester Nationalpark. Doch den Ausflug ins Grüne mussten sich die Städter erst erzwingen: 1932 erreichten sie mit einer illegalen Massenwanderung, dass der größtenteils dem Herzog von Devonshire gehörende Privatbesitz für die Öffentlichkeit zugänglich gemacht wurde. Wandern ist noch immer der beliebteste Sport im Peak District, aber auch Radler, Reiter, Kletterer und Paraglider finden hier ihre Reviere. Während der Norden um den 636 Meter hohen Kinder Scout – der »Dark Peak« – von weiten Heideflächen und Hochmooren, einsamen Gipfeln und spektakulären Steinformationen geprägt ist, zeigt sich der »White Peak« im Süden als liebliche grüne Hügellandschaft mit Kalksteinplateaus, bewaldeten Tälern und hübschen kleinen Dörfern.

Auf einen Blick

Lage: Dark Peak ist Teil der Grafschaften Greater Manchester und Yorkshire, White-Peak-Gebiete werden von Staffordshire, Derbyshire und Cheshire umfasst
Größe: 1404 km^2
Gründung: 1951
www.peakdistrict.gov.uk

Castleton ist ein Dorf in Derbyshire. Durch die Lage am Ende des Hope Valley im Nationalpark Peak District ist es auf drei Seiten von Bergen umgeben. Über dem Ort thront die Ruine Peveril Castle.

Ein schöner kleiner Wasserfall mit kaskadierendem Wasser überrascht in der Padley-Schlucht, verborgen im Wald nahe Grindleford (ganz links).

SNOWDONIA
Nationalpark

Die Landschaft von Capel Curig (großes Bild oben) wird bestimmt durch das malerische Ogwen-Tal und die Llynnau-Mymbyr-Seen. Einige der umliegenden Berge steigen auf 900 Meter an, so zum Beispiel der Moel Siabod.

Es war einmal ein Riese, der hieß Rhudda und hauste auf dem Gipfel eines Berges und kleidete sich mit einem Mantel aus den Barthaaren der Könige, die er erschlagen hatte. Der Mantel wurde immer dichter, bis König Artus kam und den bösen Riesen tötete, weil er sein Barthaar nicht hergeben wollte. Seither, so sagt es die Legende, ruht Rhudda auf seinem Berg, den die Waliser deswegen Grabmal nennen – »Yr Wyddfa«. Auf Englisch heißt er

Snowdon und ist nicht nur der Namensgeber, sondern auch der Höhepunkt des Snowdonia-Nationalparks im Norden von Wales. Unergründlich blau sind seine Gebirgsseen, geistergrün seine Berghänge. Doch oft werden alle Farben vom Nebel und den Wolken geschluckt, die sich wie eine stumme Flut anschleichen und die Landschaft verschleiern. Mehr als fünf Meter Niederschlag fällt hier jedes Jahr, brüllend heiß sind die Sommer, bitterkalt die Winter, und vor den beißenden Winden gibt es keine Rettung.

Die Llynnau Mymbyr (oben) sind zwei durch einen Kanal verbundene Seen im Dyffryn Mymbyr, einem Tal im Nationalpark.

Auf einen Blick

Lage: im Westen von Wales
Größe: 2170 km^2
Gründung: 1951
www.visitsnowdonia.info

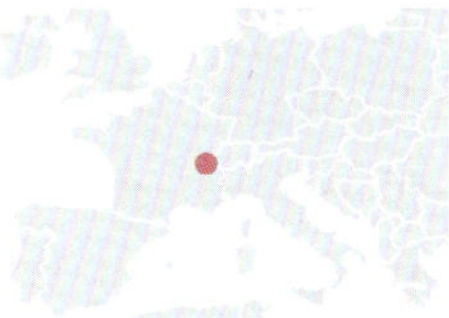

HAUT-JURA
Regionaler Naturpark

Auf teils verschlungenen Wegen zieht sich der Doubs durch den Naturpark und verzaubert ihn in ein beinahe mystisches Reich.

Nahe der Schweizer Grenze im südwestlichen Jura-Gebirge blickt von 1720 Meter Höhe der Crêt de la Neige auf den regionalen Naturpark des Haut-Jura hinab. In diesen hohen Lagen ist Kalkstein das vorherrschende Gestein. Je weiter man Richtung Westen kommt, desto flacher wird die Landschaft, wo Seen wie der Lac de l'Abbaye und Torfmoore auf der wasserundurchlässigen Mergelschicht entstanden. Weite Fichtenwälder haben sich angesiedelt, die Rehen, Wildschweinen, Dachsen und Mardern Nahrung und Unterschlupf gewähren. Auch der extrem scheue Luchs durchstreift die Region, lässt sich aber selten vom Menschen erspähen. Der Naturpark ist ein besiedeltes Schutzgebiet, dessen Bevölkerung unter anderem von Milchwirtschaft und Käserei lebt oder traditionelles Handwerk wie Drechslern, Edelsteinschleiferei oder Uhrmacherei betreibt und damit lebendig hält.

Auf einen Blick

Lage: Regionen Bourgogne-Franche-Comté sowie Auvergne-Rhône-Alpes, Départements Doubs, Jura und Ain
Größe: 1780 km^2
Gründung: 1986
www.parc-haut-jura.fr

Die tosenden Wasserfluten der Cascades des Tufs bei Baume Les Messieurs bahnen sich lautstark ihren Weg in die Tiefe.

MONT-BLANC-MASSIV

Kein anderer Berg in Europa gebietet mehr Respekt und flößt mehr Furcht ein als der Mont Blanc, der höchste Gipfel der Alpen. 1606 zum ersten Mal kartiert, bekam er den vielsagenden Namen »Montagne Maudite«, verfluchter Berg. Geister, Dämonen und andere Teufelswesen, so glaubte man, hausten auf dem Gipfel. Niemand wagte seine Besteigung. Selbst als der Genfer Naturforscher Horace-Bénédict de Saussure 1760 eine Belohnung für denjenigen auslobte, der als Erster den Gipfel erklimmt, dauerte es noch bis zum 8. August 1786, bis Jacques Balmat und Gabriel Paccard auf dem Gipfel standen. Im folgenden Jahr bezwang Saussure selbst den Berg. Sein Gipfelspruch sollte in die Geschichte des Mont Blanc eingehen: »Die Seele schwingt sich auf, der Verstand scheint sich zu erweitern, und inmitten dieses majestätischen Schweigens glauben wir, die Stimme der Natur zu vernehmen.«

Auf einen Blick

Lage: Dreiländereck zwischen Frankreich, Italien und der Schweiz, französisches Département Haute-Savoie, italienische Region Aostatal und schweizerischer Kanton Wallis
Größe: 645 km^2

Die beste Aussicht auf den Mont Blanc, den höchsten Berg der Alpen, bietet sich von der Aiguille du Midi aus.

Blick auf die schneebedeckte Aiguille du Midi (3842 Meter), den felsigen Vorposten im Mont-Blanc-Massiv südlich von Chamonix.

MONTS D'ARDÈCH
Regionaler Naturpark

Um den Fluss Ardèche, der den Naturpark Monts d'Ardèche in der Mitte durchteilt, ranken sich zahlreiche Legenden. Die neben dem kleinen Örtchen Thueyts gelegene Brücke Pont du Diable wurde beispielsweise den Geschichten nach vom Teufel persönlich erbaut, um Jungen und Mädchen von Thueyts anzulocken und ihnen ihre Seelen zu entreißen. Man soll ihre Schreie und Klagen an Tagen mit starkem Wind immer noch aus dem Abgrund heraufwehen hören. Wer sich von solchen Geschichten nicht einschüchtern lässt, findet eine vielfältige und abwechslungsreiche Natur: im Norden große Tannenwälder, in der Mitte uralte Terrassen, bedeckt von Esskastanienplantagen, im Süden karges Hochplateau. Der mittlerweile erloschene Vulkan Mont Gerbier-de-Jonc mit seinen 1553 Meter Höhe lädt zur Besteigung ein – danach lockt ein erfrischendes Bad in der Ardèche.

Auf einen Blick

Lage: Region Auvergne-Rhône-Alpes, Départements Ardèche und Haute-Loire
Größe: 2280 km^2
Gründung: 2001
www.parc-monts-ardeche.fr

Die imposante Schlucht Gorges de l'Ardèche ist unter den Kanu- und Kajakfahrern ein Klassiker. Die Panoramastraße zieht Motorrad- und Fahrradtouristen an.

Die Schluchten des Flusses Ardèche werden gern auch als »Grand Canyon Europas« bezeichnet.

VERDON
Regionaler Naturpark

Im Juni verwandelt sich die Landschaft rund um den Ort Valensole in ein einzigartiges, duftendes Blütenmeer. Der Lavendel, der hier auf riesigen Feldern kultiviert wird, erblüht dann in ganzer Pracht, bevor im August die Erntezeit beginnt. Sein intensiver Duft und seine kräftige Farbe ziehen nicht nur zahlreiche Touristen an, auch Bienen und Hummeln können dieser Versuchung nicht widerstehen und schenken der Region eine lokale Spezialität, den Lavendelhonig. Das Bienenmuseum in Valensole würdigt die wichtige Arbeit der fleißigen Tiere, die neben den Lavendelfeldern auch die Mandelbäume der Region bestäuben. Der nördliche Teil des Plateaus de Valensole, das inmitten des regionalen Naturparks Verdon mit seiner gigantischen Schlucht liegt, präsentiert sich eher untypisch bewaldet und hügelig, weshalb er landwirtschaftlich wenig erschlossen ist.

Auf einen Blick

Lage: Region Provence-Alpes-Côte d'Azur, Départements Alpes-de-Haute-Provence und Var
Größe: 1930 km^2
Gründung: 1997
www.parcduverdon.fr

Ein violettes Blütenmeer aus Lavandin, einer natürlichen Hybride aus Echtem Lavendel und Speik-Lavendel. Der Anbau dient zur Gewinnung von Essenzen und ätherischen Ölen.

Im Gegensatz dazu ein gelbes Meer an Sonnenblumen, deren Felder in der ganzen Provence zu finden sind.

CALANQUES
Nationalpark

Direkt neben der Hafenstadt Marseille liegt der beinahe exotisch wirkende Nationalpark Calanques. Das türkisblaue Wasser des Mittelmeers brandet hier an hohe, üppig von grünen Pflanzen bewachsene Felsen. Neben knapp 90 Quadratkilometern an Land umfasst der Naturpark auch etwa 430 Quadratkilometer Meeresfläche. Die schroffen Kalksteinfelsen, die nur wenigem Erdreich Platz bieten, aber in direkter Nähe zum Meer liegen, schaffen eine einzigartige Flora und Fauna. Neben seltenen Blumen und Kräutern leben hier auch geschützte Tierarten wie Korallen, Fledermäuse und sogar Delfine. Für Kletterer und Wanderfreunde ist der Park ein Paradies, verschiedene Schwierigkeitsstufen und Aufstiege laden dazu ein, einen Tag in der Natur zu verbringen und die unglaublich schönen Panoramen und Aussichten über diesen Landstrich und das Mittelmeer zu genießen.

Auf einen Blick

Lage: Region Provence-Alpes-Côte d'Azur, Département Bouches-du-Rhône, nahe Marseille
Größe: 520 km^2
Gründung: 2012
www.calanques-parcnational.fr

Der Nationalpark, in direkter Nachbarschaft zur Metropole Marseille, beweist, dass Naturschutz und Stadtnähe sich nicht unbedingt ausschließen müssen.

Die fjordähnlichen Buchten der Calanques mit ihrer Kalksteinküste sind eine der größten Touristenattraktionen Südfrankreichs. Eine Idylle, um Ruhe zu genießen und Kraft zu tanken, zum Beispiel bei einer Wanderung entlang der Küste.

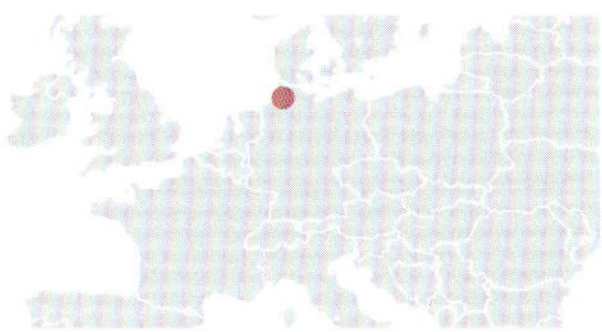

SCHLESWIG-HOLSTEINISCHES WATTENMEER

Nationalpark | UNESCO-Welterbe

Mal strahlt diese Landschaft große Ruhe aus, dann wieder wird sie von den tobenden Elementen regelrecht durchgepeitscht. Während eben noch die endlos scheinende Weite beeindruckte, fasziniert oft schon wenig später das unmittelbare Erleben von Wind und Wetter. Deutschlands größter Nationalpark misst über 4400 Quadratkilometer und reicht von der Elbmündung bis zur dänischen Grenze. Im Mittelalter war ein großer Teil davon noch festes Land. Doch immer wieder rissen Sturmfluten Teile davon mit sich und ließen schließlich eigenwillig geformte Reste zurück: die nordfriesischen Inseln und die Halligen sowie viele kleine Sandbänke. Zweimal täglich gibt das Meer seine Beute wieder frei und legt einen Lebensraum bloß, der auf den ersten Blick unwirtlich erscheinen mag, aber eines der lebendigsten und auch sensibelsten Ökosysteme überhaupt ist.

Auf einen Blick

Lage: im Westen von Schleswig-Holstein an der Nordsee; nächstgelegene Stadt ist Husum
Größe: 4415 km^2
Gründung: 1985
UNESCO-Weltnaturerbe: seit 2009
www.nationalpark-wattenmeer.de

Der weite Blick zum Horizont, das Spiel der Wolken, das ständig wechselnde Licht und die verschiedenen Farben des Meeres verleihen dem Schleswig-Holsteinischen Wattenmeer seinen Charme.

Westerhever

Früher wurde das Gebiet in Eiderstedt landwirtschaftlich genutzt. Mit der Einrichtung des Nationalparks schränkte man dies ein; seitdem kann man beobachten, wie sich die küstentypischen Salzwiesen ausdehnen. Zudem ist das Schlickwatt ein Paradies für Vögel.

Sylt: Rantum-Becken

1936 haben die Nationalsozialisten dieses Becken ausheben lassen, um einen Wasserflughafen anzulegen. Später zeigte sich, dass die Wasserfläche ein Paradies für Seevögel war. So wurde das Becken 1962 renaturiert.

Ihr liebliches Gesicht zeigen die Inseln oft in den Abendstunden: Amrum (großes Bild), das Rote Kliff (ganz links) und der Ellenbogen auf Sylt (links).

VORPOMMERSCHE BODDENLANDSCHAFT
Nationalpark

Zu den rund 680 Quadratkilometern Wasserfläche des Nationalparks gesellen sich etwa 125 Quadratkilometer auf den Inseln und an den Küsten des Festlandes. Neben dem Bodden selbst finden sich hier Dünen und Strände, Nehrungen und Seen. Es gibt Steil- und Flachküsten und urtümliche Waldgebiete. Kiefern, Rotbuchen, Erlen und Birken prägen das Bild vieler Gehölze. Nirgendwo sonst in Mitteleuropa rasten so viele Kraniche wie hier. Überhaupt bietet sich Vogelfreunden hier ein Paradies: Über 100 Arten von Wasser- und Watvögeln können beobachtet werden, darunter die Bekassine. Man erkennt sie an ihrem meckernden Gezwitscher, das ihr den Spitznamen »Himmelsziege« eingebracht hat. In den Salzwiesen und dem Schilf fühlen sich zahlreiche Insekten wohl, in den von der Ostsee abgetrennten Boddengewässern findet man Barsche, Zander und auch Aale.

Auf einen Blick

Lage: zwischen der Halbinsel Darß-Zingst und der Westküste Rügens; nächstgelegene Stadt ist Stralsund
Größe: 786 km^2
Gründung: 1990
www.nationalpark-vorpommersche-boddenlandschaft.de

Auf den Dünen am Darßer Ort, der Landzunge im Norden der Halbinsel, wächst Strandhafer. Das Naturschutzgebiet ist durch Spazierwege, die man allerdings nicht verlassen darf, gut erschlossen.

Am Darßer Weststrand stehen die vom Wind geformten Fichten, Tannen und Lärchen des Darßer Urwalds.

SÄCHSISCHE SCHWEIZ
Nationalpark

Kaum eine andere deutsche Landschaft hat so viele Künstler in ihren Bann gezogen wie die Sächsische Schweiz. Maler wie Caspar David Friedrich ließen sich von ihr inspirieren.

Wenige Landschaften haben die Romantiker des 19. Jahrhunderts so begeistert wie die Sächsische Schweiz: ein idyllisches Flusstal, gesäumt von den ebenso malerischen wie bizarren Felsformationen des Elbsandsteingebirges. Geformt wurde diese Landschaft durch die Erosion, die im Verlauf von Millionen von Jahren dem weichen Sandstein zusetzte. Der Nationalpark umfasst die schönsten Gebiete am nördlichen Elbufer. Ein Teil erstreckt sich

westlich von Bad Schandau rund um die Bastei bis Stadt Wehlen, der andere reicht bis zur tschechischen Grenze. Die zerklüfteten Felsregionen wurden aber nicht nur wegen ihrer Schönheit unter Schutz gestellt, sondern auch, weil sich durch die starke Gliederung der Landschaft eine Vielzahl kleiner Lebensräume ergibt, in denen sich Pflanzen mit speziellen Bedürfnissen ansiedeln konnten.

Auf einen Blick

Lage: im Elbsandsteingebirge, an der Grenze zur Tschechischen Republik
Größe: 93,5 km^2
Gründung: 1990
www.nationalpark-saechsische-schweiz.de

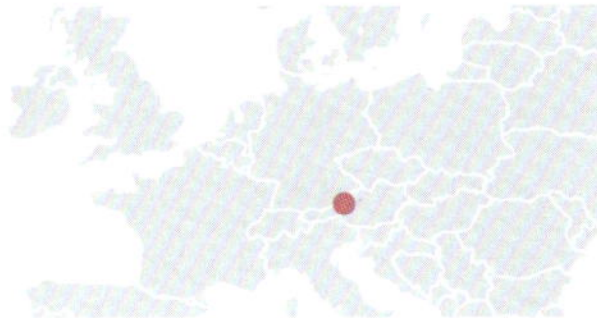

BERCHTESGADEN
Nationalpark

Prächtiger Königssee: Nur etwa alle zehn Jahre ist es möglich, zu Fuß von Schönau nach St. Bartholomä zu laufen. Das letzte Mal war der Königssee 2006 zugefroren – ganze 29 Tage lang.

1978 wurde der Nationalpark Berchtesgaden als erster und einziger hochalpiner Nationalpark in Deutschland mit dem Ziel gegründet, einen Rückzugsraum für die Natur zu schaffen. Das Herzstück des Parks ist der Königssee mit den umliegenden Bergen des Hagengebirges, des Watzmannstocks, des Hochkalters und der Reiteralpe. Obwohl der Park von 230 Kilometer Wanderwegen erschlossen wird, ist das gesamte Gebiet bis auf die touristischen Hochburgen am Königssee eher einsam. So kann man hier ungestört majestätische Adler, Rotwild, Gämsen, Steinböcke und Murmeltiere beobachten. Auch Insekten, Reptilien und Amphibien leben im Nationalpark. Seltene Pflanzen wie der Frauenschuh, das Edelweiß und die Zwergprimel kann man hier ebenfalls entdecken. Zudem hat der Park viele interessante geologische Phänomene wie den Funtensee, das Wimbachtal oder den Blaueisgletscher.

Auf einen Blick

Lage: im äußersten Südosten von Bayern zwischen Ramsau bei Berchtesgaden und Schönau am Königssee
Größe: 210 km^2
Gründung: 1978
www.nationalpark-berchtesgaden.bayern.de

Die beiden Highlights des Nationalparks, der Königssee und der Watzmann, liegen gleich nebeneinander. Die berüchtigte Ostwand des Watzmanns, die knapp 1800 Meter tief bis zum See abfällt, ist die höchste Wand der Ostalpen.

Watzmann

Der Watzmann ist unbestritten der König der Berchtesgadener Alpen. Mit einer Höhe von 2713 Metern und seiner markanten Form thront er über dem Berchtesgadener Land. Die Überschreitung der drei Hauptgipfel – Hocheck, Mittelspitze und Südspitze – gilt als eine der anspruchsvollsten Bergtouren im bayerischen Alpenraum: Insgesamt 2100 Höhenmeter müssen dazu überwunden werden, und mehrere Stellen verlangen Klettergeschick. Die Ostwand, mit 1800 Metern die höchste durchgehende Felswand der Ostalpen, ist der Traum und gleichzeitig auch oft der Albtraum für viele Alpinisten. Eine artenreiche Flora und Fauna zeichnet das Massiv ebenfalls aus, seltene alpine Pflanzen wie das Wilde Alpenveilchen, die sonst in den Bayerischen Alpen nicht mehr vorkommen, gedeihen hier.

Die Durchsteigung der berüchtigten Ostwand ist technisch nicht sehr kompliziert, aber die Länge und die schwierige Orientierung machen die Tour nicht selten zur Tortur.

APPENZELLER ALPEN

2502 Meter ist eine Höhe, mit der man in den Alpen nicht sonderlich imponieren kann. Andernorts findet man in diesen Regionen die Talstationen von Bergbahnen. Trotzdem kann der Säntis, der höchste und markanteste Gipfel der Appenzeller Alpen, einen Superlativ für sich in Anspruch nehmen, von dem höhere Gipfel weit entfernt sind: Bei gutem Wetter und klarer Sicht kann man von seiner Spitze aus gleich sechs Länder sehen: die Schweiz, Deutschland, Österreich, Liechtenstein, Frankreich und Italien. Umgekehrt ist der Berg sogar vom Schwarzwald aus zu erkennen, »Säntisblick« ist dort ein feststehender Begriff. Diesen Ruhm verdankt der Säntis seiner exponierten Lage am Nordrand der Alpen: Er ist ihr ehrwürdiger Torwächter. Diese Lage sorgt aber auch für Extreme. Mit mehr als 2800 Millimetern Niederschlag im Jahr ist dies der nasseste Ort der Schweiz. Jedes Jahr schlagen auf dem Gipfel etwa 400 Blitze ein. Auch die ersten beiden Landvermesser auf dem Säntis im Jahr 1832 wurden vom Blitz getroffen. Von diesen Naturgewalten ließ sich sogar Richard Wagner beeindrucken, der den Berg in den 1850er-Jahren bestieg.

Der Fälensee (kleines Bild) liegt am Fuß des 2435 Meter hohen Altmann. Er hat wie viele andere Bergseen keinen oberirdischen Abfluss.

Auf einen Blick

Lage: südlich des Bodensees im Nordosten der Westalpen in den Kantonen St. Gallen, Appenzell Innerrhoden und Appenzell Ausserrhoden
Größe: 1800 km²
www.appenzell.ch

Spektakulär zerklüftete Bergspitzen wie die Kreuzberge sind typisch für die Topografie der Appenzeller Alpen, die das nordöstliche Ende der Westalpen markieren. Deswegen zieht es viele Extremkletterer hierher.

BERNER OBERLAND
UNESCO-Welterbe

Der Große Aletschgletscher, Europas längste Eiszunge und Teil der Welterbestätte Berner Oberland, misst 23 Kilometer, im Zuge der fortschreitenden Klimaerwärmung wird der Aletsch jedoch Jahr um Jahr etwa 50 Meter kürzer. Dennoch sprechen die Zahlen für sich: Der Gigant ist 82 Quadratkilometer groß und 27 Milliarden Tonnen schwer, er hat eine 900 Meter dicke Eisdecke am Konkordiaplatz, wo er seinen Anfang nimmt, und eine Fließgeschwindigkeit von 200 Metern pro Jahr. An den Moränenflächen rund um den Eisstrom hat sich eine vielfältige Flora und Fauna angesiedelt. Im Aletschgebiet birgt der Aletschwald unterhalb des Gletschers die ältesten Bäume der Schweiz. Außerdem leben dort Rothirsche, Gämsen und Steinadler. Wunderbare Aussichten auf den Eisriesen bieten das Bettmerhorn oberhalb der Bettmeralp, das Eggishorn und die vielen Wanderwege.

Auf einen Blick

Lage: im Südwesten der Schweiz in den Kantonen Bern, Wallis und Waadt
Größe: 3613 km^2
UNESCO-Weltnaturerbe: seit 2001
www.berneroberland.ch/de

Wie eine weiße Autobahn zieht sich die Zunge des Aletschgletschers durch die Berglandschaft. Über Jahrtausende hinweg hat sich diese gigantische Arena geformt.

Malerisch spiegeln sich die schneebedeckten Fusshörner (mehr als 3000 Meter) in einem Bergsee nahe dem Aussichtspunkt Hohfluh (links).

MATTERHORN

Was wurde über diesen Berg nicht schon alles geschrieben! Mit Superlativen wurde das Matterhorn überhäuft, seine unvergleichliche Gestalt gepriesen; als »Gipfel der Werbung« hat man ihn bezeichnet, weil er für (fast) alles herhalten musste. Das Matterhorn zierte nicht nur Schweizer Joghurtbecher und belgische Bierflaschen – es fand sich auch auf Weinetiketten, auf einer Zigarettenschachtel aus Jamaika und sogar auf einem Tourneeplakat der Rolling Stones (1976). Ein Berg als Mythos und doch viel mehr als nur eine Felspyramide. Das Matterhorn verdankt seine ikonische Form der eiszeitlichen Erosion, zwei verschiedene Gesteinsschichten legten sich schräg aufeinander. Seit den Anfängen des europäischen Alpinismus im 19. Jahrhundert gilt die Besteigung dieses Berges als ultimative Herausforderung. Zum ersten Mal gelang dies dem Briten Edward Whymper im Jahr 1865.

Auf einen Blick

Lage: an der schweizerisch-italienischen Grenze im Kanton Wallis und in den italienischen Regionen Piemont und Aostatal
Höhe: 4478 m

Die Spiegelung des Matterhorns auf dem Stellisee ist wahrlich ein beeindruckendes Naturschauspiel. Besonders, wenn die Sonne das oberste Drittel der Pyramide in ihr helles Licht taucht.

Das 4478 Meter hohe Matterhorn zählt zu den Giganten der Alpen. Der Berg ist das Wahrzeichen der Schweiz. Egal, von welchem Ort aus man ihn fotografiert – dieser Berg zeigt sich immer von seiner Schokoladenseite.

HOHE TAUERN
Nationalpark

Die Berglandschaft um den Großglockner (rechts) bietet zahlreiche Bergtouren. Von der Kaiser-Franz-Josefs-Höhe hat man einen spektakulären Blick auf die Gletscherwelt (unten).

Über 1800 Quadratkilometer misst die letzte großflächige Naturlandschaft der Ostalpen zwischen dem Wildgerlostal im Westen und dem Lungauer Murwinkel im Osten, die Anfang der 1980er-Jahre nicht zuletzt ihrer einzigartigen Flora und Fauna wegen zum Nationalpark Hohe Tauern erklärt wurde. In seiner »Kernzone« berühren Österreichs höchste Gipfel, über 30 Dreitausender, den Himmel – vergletscherte Eisriesen mit schroffen Zacken, gestaffelt bis zum Horizont. Und zwischen steilen Felswänden gischten glasklare Gletscherbäche zu Tal. Die »Außenzone« wurde vom Menschen mitgestaltet: eine naturnahe Komposition aus blühenden Almen, saftigen Bergwiesen und dunklen Schutzwäldern. Die Dörfer in den Haupttälern bilden die »Kulturzone«. Ihre Bewohner setzen längst auf sanften Tourismus. Auch Bildung und Forschung spielen eine große Rolle für den Nationalpark.

Auf einen Blick

Lage: in den Bundesländern Salzburg, Tirol (Osttirol) und Kärnten; weite Gebiete beidseits des Alpenhauptkamms um Großvenediger und Großglockner bis hinunter in die Täler
Größe: 1856 km^2
Gründung: 1981 (Kärnten)
www.hohetauern.at

Alpenmurmeltiere gehören zu den Bewohnern der Bergwelt rund um den Großglockner (links außen).

DACHSTEINMASSIV

Der Hohe Dachstein (2995 Meter) gehört zu den großen Bergen der Nördlichen Kalkalpen. Seine gewaltige Südwand, die über der grünen Ramsau in den Himmel ragt und im Jahr 1909 erstmals durchstiegen wurde, ist ein alpines Schaustück par excellence; die Nordabdachung weist eine beachtliche Vergletscherung auf. Über das Eis kamen die ersten Alpinisten, darunter auch ein Herr von fürstlichem Geblüt: Erzherzog Karl, der als Sieger

von Aspern über Napoleon (1809) in die Geschichte einging. Am Dachstein scheiterte er allerdings. Besser machte es rund 20 Jahre später der Einheimische Peter Gappmayer; er erreichte über den Westgrat den Gipfel des »Fast-Dreitausenders«. Typisch für das Dachsteinmassiv sind die ausgedehnten Karstregionen; noch stärker ausgeprägt ist dieser Landschaftstypus in dem benachbarten Toten Gebirge: eine steinerne Wüste.

Auf einen Blick

Lage: im Grenzgebiet der Bundesländer Oberösterreich und Steiermark
Größe: 869 km^2
www.derdachstein.at
www.schladming-dachstein.at

Ein traumhaftes Motiv: Im Vorderen Gosausee spiegelt sich der Gipfel des Hohen Dachstein – eines der schönsten Naturschauspiele im Salzkammergut (unten).

TATRZAŃSKI
Nationalpark

In der Hohen Tatra: Die Nebeldecke verbirgt die Wände der hohen Berge, die bei Sonne im Lauf der Tages hervorkommen, Seeaugen und Wasserfälle sorgen für Abwechslung.

27 Orchideenarten, darunter der extrem seltene Gelbe Frauenschuh, Dutzende von Tieren und Pflanzen, die nirgendwo sonst auf der Welt vorkommen wie der Karpaten-Rittersporn oder das Tatra-Löffelkraut, 650 Höhlen, bis zu 70 Meter hohe Wasserfälle und ein geheimnisvoller See, der Meerauge heißt, weil

er angeblich eine unterirdische Verbindung zum Ozean hat: All diese Schätze hütet die Hohe Tatra, die sich zwischen Polen und der Slowakei in den Himmel reckt, mit dem 2499 Meter hohen Rysy als höchster Erhebung Polens. Der deutsche Name des Berges, »Meeraugspitze«, leitet sich von dem nordwestlich gelegenen Karsee ab. Es ist eine Welt voller Wunder und Legenden, bewacht von schlafenden Riesen aus Stein, die jederzeit erwachen könnten, um ihr wohl behütetes Idyll zu verteidigen – inklusive ihrer Bewohner, als da sind Gämsen, Murmeltiere, Braunbären, Luchse, Wölfe und Otter.

Auf einen Blick

Lage: im Südosten Polens, in unmittelbarer Nähe zur Stadt Zakopane
Größe: 210 km²
Gründung: 1954
tpn.pl

Sonnenaufgang in der Tatra: Steile Berghänge warten auf Kletterer (oben), der eher abgeflachte Kamm am Giewont lässt sich leicht erwandern (unten).

KÖRÖS MAROS
Nationalpark

Das Gebiet des im Jahr 1997 gegründeten Nationalparks Körös Maros wird von drei Flüssen begrenzt: von der Körös im Norden, der Maros im Süden und der Theiß im Westen. Die vielen Feuchtgebiete und Sumpflandschaften, die sich daraus ergeben, bieten einen hervorragenden Lebensraum für alle Arten von Vögeln, auch für viele in Europa selten gewordene. Im Fokus stehen dabei die Trappen, zu deren Schutz bereits im Jahr 1975 ein Reservat ein-

gerichtet wurde. An den vielen Beobachtungsstationen können aber auch zahlreiche andere Vögel beobachtet werden, darunter Rotflügel-Brachschwalben, Brachhühner, Reiher, Wasser- und Stelzvögel. Die saftig grünen Wiesen im Flussgebiet bieten außerdem seltenen Pflanzen einen Nährboden. So findet man hier zum Beispiel das Siebenbürgische Feuerauge und die Gewitterblume, die aufgrund ihrer Seltenheit in Europa streng geschützt sind.

Oben: Man könnte die Blauracke dank des helltürkisen Gefieders beinahe für ein junges Eisvogelküken halten.

Auf einen Blick

Lage: im südöstlichsten Komitat des Landes, Békés, nahe der Grenze zu Rumänien
Größe: 501,34 km²
Gründung: 1997

Farbenpracht im Nationalpark Körös Maros: Hellblaues Brustgefieder, blasslilafarbene Schwanzfedern, dazu ein vielfarbiger Kopf mit intensiv leuchtenden roten Augen – das ist der Bienenfresser in seiner ganzen Schönheit.

SINTRA-CASCAIS
Naturpark

Vielschichtiger kann sich die Natur eigentlich nicht präsentieren als im Nationalpark Sintra-Cascais: steil nach unten ins Meer abfallende Klippen, einsame Seen, halb verfallene Häuser und Dörfer, kaum berührte Sanddünen und jahrhundertealte Architektur. Dazu Sehenswürdigkeiten wie die rund um Sintra, spektakuläre Natur und die Wellen des Atlantiks. 145 Quadratkilometer groß ist das Gebiet, das sich von den Hügeln Sintras bis zu den Stränden von Cascais erstreckt. Längst hat es den Status als Weltkulturerbe erhalten. Mehr als 200 Arten von Wirbeltieren, neun verschiedene Süßwasserfische, über 170 Vogel-, 20 Reptilien- und 34 Säugetierarten wurden in dieser Region so nahe bei Lissabon gefunden. Der Nationalpark bietet unendlich viele Möglichkeiten für Wanderungen und Besichtigungen. Mehr jedenfalls, als in jedem Urlaub bewältigt werden können.

Auf einen Blick

Lage: Region Lissabon, Teil der Stadt Lissabon, Bezirke Sintra und Cascais
Größe: 145,83 km^2
Gründung: 1994
UNESCO-Weltkulturerbe: seit 1995
www2.icnf.pt/portal/ap/p-nat/pnsc

Der Zugang zum Praia da Ursa ist nicht ganz einfach, doch wer ihn bewältigt hat, gelangt zu einem herrlichen Stückchen Natur. Der Strand gilt als einer der schönsten in dieser Region.

Praia da Ursa

Die Strände rund um Sintra sind optisch so abwechslungsreich wie die Küste selbst. Sanft ins Wasser abfallende Sandstrände wechseln sich mit Kiesbuchten ab, liegen geschützt zwischen Felsen oder sind offen dem mitunter tobenden Atlantik ausgesetzt. Ganz egal, zu welcher Tageszeit: Die Felsnadeln der Praia da Ursa üben stets einen besonderen Zauber aus – mal morgens, wenn die Sonne nur ihre Spitzen erreicht oder tagsüber von oben auf den Wanderwegen über der Bucht mit ihrem türkisblauen Wasser. Vor allem aber am frühen Abend, wenn die Sonne untergegangen ist und den Himmel in immer neue Farbschattierungen taucht. Zu erreichen ist die Bucht mit dem sichelförmigen Sandstrand nur zu Fuß, deshalb treffen die Besucher dort mitunter auch auf geführte Wandertruppen.

ALGARVEKÜSTE

Die Algarve ist die südlichste der historischen Provinzen Portugals und heute identisch mit dem Distrikt Faro. Ihren besonderen Reiz macht die landschaftliche Vielfalt aus: Schroffe Sandsteinklippen öffnen sich im Westen für verborgene Buchten; weite, von Felswänden gesäumte Sandstrände prägen die Algarve im Mittelteil; und nach Osten hin scheinen Land und Meer in Inseln, Kanälen und Nehrungen zu verschmelzen. Zauberhafte Städte wie Tavira oder Lagos haben sich malerische Altstädte und eine entspannte Atmosphäre erhalten.

Auf einen Blick

Lage: erstreckt sich vom südwestlichsten Punkt am Atlantik bis zum Rio Guadiana an der spanischen Grenze und umfasst drei Abschnitte: Costa Vicentina, Barlavento und Sotavento
Größe: 4989 km^2

Jeder der über 100 Strände der Algarve hat einen eigenen Charakter, so auch die Praia da Dona Ana (oberes Bild). »Klippe der Frömmigkeit« (Ponta da Piedade) wird diese sandsteinfarbene Klippenlandschaft genannt (unten).

MADEIRA

Für die ersten Siedler war Madeira (portugiesisch: »Holz«) wegen ihres Waldreichtums interessant. Nach und nach wurden die steilen Hänge gerodet und Terrassenfelder angelegt. Als Umschlagplatz für Handelswaren und als Etappenziel auf der Fahrt in die Neue Welt wurde Madeira schnell sehr wohlhabend, was sich in der reichen Ausstattung der Kirchen, allen voran Funchals Kathedrale, und den Herrenhäusern, den Quintas, spiegelt. Heute dienen Letztere oft als luxuriöse Hotels für wanderbegeisterte Feriengäste, denn Madeira gilt dank des weitverzweigten Wegenetzes als Wanderparadies. Aber auch Wassersportler kommen hier auf ihre Kosten, denn das Meer eignet sich über Wasser bestens zum Segeln und Surfen, unter der Wasseroberfläche erkunden Schnorchler und Taucher eine vielfältige Unterwasserwelt bei stets angenehm warmer Wassertemperatur.

Auf einen Blick

Lage: Insel im Atlantik, rund 950 km südwestlich von Lissabon
Größe: 740,7 km^2

Die »Insel des ewigen Frühlings« gehört zwar zu Portugal, liegt aber eigentlich näher an Afrika: Nach Lissabon sind es rund 950 Kilometer, die afrikanische Küste ist 740 Kilometer entfernt.

Madeiras Bergland

Dass die grüne Insel auch eine schroffe, felsige Seite besitzt, würde man nicht vermuten, wenn man sie von der Südküste aus betrachtet. Aber hinter den dicht bewachsenen Vorbergen, die sich von der Küste in Höhen um 700 bis 1000 Meter emporschwingen, eröffnet sich eine faszinierende Felslandschaft um die markanten Gipfel des Pico Ruivo (1862 Meter), des Pico das Torres (1851 Meter) und des Pico de Arieiro (1818 Meter). Vor allem hier, wo der Fels ohne schützende Pflanzendecke hervortritt, ist der vulkanische Charakter der Insel an den Formationen und in den Gesteinsarten sichtbar. Steile Pfade und Treppenwege führen, teils durch Drahtseile gesichert, durch das Hochgebirge; manchmal verschwindet der Weg auch in einem Tunnel. Als Wandergebiet sind die Berge Madeiras nicht zu unterschätzen. Zum Begehen sind Trittsicherheit und Schwindelfreiheit erforderlich.

Ponta de São Lourenço

Die Insel der Blumen und des ewigen Frühlings, der Sanftmut und der Milde wird Madeira aus gutem Grund genannt. Doch an einer Stelle erlaubt sie sich einen fast schon gewalttätigen Ausbruch aus ihrer Ausgeglichenheit: An der Ponta de São Lourenço ganz im Nordosten wird Madeira plötzlich wild und ungestüm, schüttelt alles Grüne und Farbenfrohe ab und bricht als nackter, zerklüfteter Fels ins Meer. Wie ein tollkühner Sporn bohrt sie sich hier tief in den Atlantik. Hier muss man schwindelfrei und trittsicher sein, sonst droht ein böses Ende. Doch belohnt wird man mit spektakulären Aussichten auf menschenleere Buchten und grandiose Klippen, auf den tosenden Atlantik und eine Küste, der nichts fremder ist als Milde und Sanftmut. Passend zu diesem Temperament des Landstrichs, beherbergt die Küste einen Strand mit schwarzem Sand, Prainha genannt.

Der Pico do Arierio ist zwar nur der dritthöchste Gipfel Madeiras, aufgrund seiner guten Infrastruktur aber der am meisten besuchte.

ISLAS ATLÁNTICAS DE GALICIA
Nationalpark

Das Naturreservat in der Provinz Pontevedra umfasst eine Landfläche von zwölf und eine Meeresfläche von 72 Quadratkilometern. Zum Park gehören die Inseln Cortegada, Ons, Sálvora und Cíes sowie mehrere kleinere. Die Inseln sind auf der dem Atlantik zugewandten Westseite durch schroffe Felsklippen gekennzeichnet, die dem Festland zugewandte Ostseite weist beeindruckende Dünenlandschaften sowie herrliche Strände auf. Über 200 Algen- und mehr als 400 Pflanzenarten gibt es hier. Auch mehrere Delfinarten wurden gesichtet. Die Insel Cortegada verfügt über einen der größten Lorbeerwälder Europas. Vor allem aber beherbergt der Park die größten Mittelmeermöwen- und Krähenscharbenkolonien Spaniens. Auf einer der Cíes-Inseln kann man eine vorrömische Siedlung besichtigen. Auch mittelalterliche Einsiedeleien und Kapellen von Mönchsorden sind erhalten.

Auf einen Blick

Lage: der einzige Nationalpark Galiciens umfasst die an der atlantischen Nordwestküste liegenden Inseln
Größe: 84 km^2
Gründung: 2002
www.mapama.gob.es

Der Archipel der Inselgruppe der Cíes besteht aus drei Inseln (großes Bild). Linke Seite: Faro del Príncipe, Pedra da Campá, Cíes-Insel mit Leuchtturm.

Über der Isla de Monte Agudo, der nördlichen der Cíes-Inseln, liegt noch etwas Nebel – ein Anblick, den man oft von der Isla del Faro aus genießt.

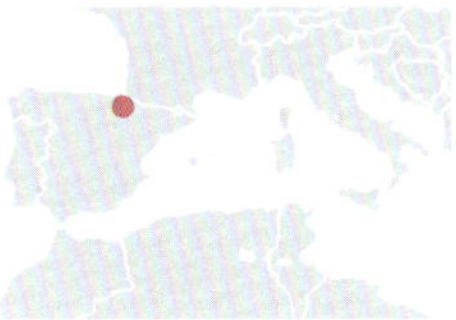

BARDENAS REALES
UNESCO-Biosphärenreservat

Im 15. Jahrhundert gab es in Spanien mehrere Könige, legitime wie die Monarchen von Kastilien und selbst ernannte wie den grausamen Sanchicorrota, der sich zum König der Bardenas Reales aufschwang. Mit seiner Räuberbande hauste er in dieser lebensfeindlichen Gegend im Süden Navarras und terrorisierte Klöster, Dörfer und Städte ringsum. Dem echten König, Juan II. von Aragonien, platzte 1452 der Kragen. Er trieb den Banditen in die Enge, konnte ihn aber nicht gefangen nehmen, denn der Schurke hatte sich mit seinem Messer selbst getötet. Heute sind die Bardenas Reales eine der grandiosesten Landschaften Spaniens: ein Mosaik ständig wechselnder Topografien, mal Mondlandschaft voller Schluchten und Krater, mal Ödnis im prachtvollsten Ocker, dann Steppe oder Savanne. 2016 fanden hier Dreharbeiten für die Serie »Game of Thrones« statt.

Auf einen Blick

Lage: im Süden der nordspanischen Provinz Navarra
Größe: 393 km^2
Anerkennung als UNESCO-Biosphärenreservat: 2000

Die Windströmung Cierzo ist verantwortlich für Erosion, die die einzigartigen schroffen Landschaften, Canyons und Hochplateaus hier geschaffen hat.

Durch Erosion entstand diese unwirklich anmutende Wüstenlandschaft. Extreme Temperaturen herrschen hier vor, denen nur die widerstandsfähigsten Lebewesen trotzen.

ORDESA Y MONTE PERDIDO

Nationalpark | UNESCO-Welterbe

Der französische Alpinist und Geograf Franz Schrader nannte den Cañón de Añisclo »ein unendliches geologisches Gedicht«. Der typische Kalkstein-Canyon in den Pyrenäen von Huesca südlich des Monte Perdido ist etwa zehn Kilometer lang und Teil des Nationalparks Ordesa y Monte Perdido. Durch einen Riss in der Erdspalte formten sich hier bizarre Felsen. Wasserfälle und -läufe bahnten sich ihren Weg durch das Kalkgestein. Teilweise wird die Añisclo-Schlucht extrem schmal und eng wie ein Slot Canyon. Zwischen die extrem hohen und steilen Seitenwände dringt dann nur spärlich Licht, sodass sich die Fauna den besonderen Gegebenheiten in den Tiefen der schattigen Schlucht angepasst hat. Bei Wanderern ist dieser ursprüngliche und urgewaltige Landstrich sehr beliebt, doch ist eine Durchquerung nicht ungefährlich und sollte gut geplant sein.

Auf einen Blick

Lage: in den Pyrenäen in der Provinz Huesca (Aragón) im Landesinneren von Nordspanien
Größe: 156 km^2
Gründung: 1918
UNESCO-Weltnatur- und Kulturerbe: seit 1997

Der Añisclo-Canyon im Nationalpark Ordesa y Monte Periodo scheint von oben gesehen wie ein riesiger Riss in der Erdkruste.

Dort, wo die Sonne ihre Strahlen hinschickt, ergrünt die Oberfläche der Schlucht. Auf der Schattenseite dagegen gedeihen nur wenige Pflanzen.

TEIDE

Nationalpark | UNESCO-Welterbe

Wildprets Natternkopf (unten) ist eine nur auf Teneriffa vorkommende Pflanzenart. Sie kann bis zur drei Meter hoch wachsen.

Die bizarre Landschaft auf Teneriffa wurde im Lauf von Jahrmillionen durch zahllose vulkanische Eruptionen geformt. Das Areal besitzt einen Durchmesser von etwa 17 Kilometern, die mittlere Höhe der Cañadas beträgt rund 2000 Meter. Das Gelände erinnert stellenweise an eine karge Mondlandschaft, trotzdem ist die Flora artenreich entwickelt. Zu den bekanntesten Vertretern gehört der Natternkopf, eine bis drei Meter hohe Staudenpflanze. Zu den landschaftlichen Attraktionen zählt die Felsengruppe Los Roques, deren Felsnadeln etwa 30 Meter hoch aufragen. Von ihnen führt ein Wanderweg zu Lavaformationen in verschiedenen Farben – von Schwarz über Braun bis Blaugrün. Die Szenerie war wiederholt Kulisse für Filme. Der gesamte Park ist ein geologischer Schatz, in dem vulkanische Phänomene unterschiedlichste und beeindruckende Farben und Formen bilden.

Auf einen Blick

Lage: der Nationalpark befindet sich im Zentrum der Insel Teneriffa
Größe: 190 km^2
Gründung: 1954
UNESCO-Weltnaturerbe: seit 2007
www.volcanoteide.com/de/nationalpark

Die Roques de Anaga liegen vor der Küste (kleines Bild ganz unten); die Höhen sind zum Teil dicht mit Kakteen bestückt (unten). Großes Bild: Grüne Meeresschildkröte.

MACIZO DE ANAGA
UNESCO-Biosphärenreservat

Schaute man von oben auf die Insel, so ist das geschützte Gebiet der Ausläufer im Nordosten Teneriffas die Landmasse, die wie ein schmaler Stiel oder Griff etwa 20 Kilometer weit ins Meer ragt mit einer Breite von zehn Kilometern. Dieses Gebirge ist vor Millionen von Jahren durch Vulkane entstanden und die beiden höchsten Gipfel des Kamms sind der Cruz de Taborno mit 1024 Metern im Westen sowie der Chinobre mit 909 Metern im Osten. Durch die exponierte Lage und die Höhe des Massivs regnet es häufig, oft hängt lang anhaltender Nebel über dem Macizo de Anaga, sodass feuchtes Klima vorherrscht. Die Lorbeerwälder bieten vielen Aufsitzerpflanzen, Epiphyten, einen Platz in der Höhe und an der Sonne, was zu märchenhaften Gebilden führt. Moose und Farne überwachsen Wege und Felsen. Eine Besonderheit des Gebiets sind uralte Wohnhöhlen, z. B. die von Chinamanda.

Auf einen Blick

Lage: im Nordosten von Teneriffa
Größe: 487 km^2
Gründung: 1987
Anerkennung als UNESCO-Biosphärenreservat: 2015

SEXTNER DOLOMITEN

UNESCO-Welterbe

Die Sextner Dolomiten bilden die nordöstlichste Gebirgsgruppe der Dolomiten. Sie liegen im äußersten Osten Südtirols und im Norden der Provinz Belluno. Im Norden werden sie begrenzt durch das Pustertal, im Osten durch das Sextental, im Süden durch das Val d'Ansiei und im Westen durch das Höhlensteintal. Im Südtiroler Teil des Gebirges liegt der Naturpark Drei Zinnen, der seit dem 26. Juni 2009 zum UNESCO-Welterbe Dolomiten gehört. Die Sextner Dolomiten bestehen großenteils aus Dolomitgesteinen, die sich im Urmeer aus Korallenriffen gebildet haben. Charakteristisch ist der Gegensatz zwischen sanft gewellten Almen und den aus ihnen emporragenden Riffgipfeln mit teilweise über 3000 Meter Höhe, die meist von gewaltigen Schutthalden umgeben sind. Im Naturpark finden sich bedeutende Populationen von Raufußhühnern, darunter Schnee-, Stein-, Birk- und Auerhuhn.

Auf einen Blick

Lage: am nordöstlichen Rand der Dolomiten an der Grenze der italienischen Provinzen Südtirol und Belluno; bekannte Orte sind Sexten und Toblach im Pustertal
UNESCO-Welterbe: seit 2009
www.hochpustertal.net

Das Massiv des Monte Cristallo, vom Dürrensee aus betrachtet. Man ahnt, dass die Gesteinsschichten des Bergs über Jahrmillionen hinweg in einem warmen Urmeer auf einem langsam absinkenden Korallenriff aufgebaut wurden.

Sonnenuntergang über dem Passo di Giau. Er gilt als einer der schönsten und beliebtesten Pässe in den Dolomiten – über ihn führt nicht nur der Giro d'Italia, sondern auch der Dolomiten-Marathon, und täglich befahren ihn unzählige Rad- und Motorradfahrer.

ADAMELLO-BRENTA
Naturpark

Zwei völlig verschiedene Naturräume links und rechts des Rendenatals bestimmen diesen Naturpark: Westlich erhebt sich die Adamello- und Presanellagruppe, die aus dem jungen Intrusivgestein Tonalit aufgebaut ist. Die Gipfel erreichen über 3500 Meter Höhe und sind stark vergletschert. Hier liegt die Arktis Italiens! Östlich ragen die schroffen Gipfel der Brentagruppe auf. Sie bestehen aus dem Sedimentgestein Dolomit und werden daher auch Brenta-

Dolomiten genannt. Der Bocchette-Weg führt als mehrtägiger Klettersteig entlang ausgesetzter Felsbänder durch die Brenta hindurch und erschließt dabei auch den höchsten Gipfel: die Cima Brenta (3157 Meter). Nur über schwierige Kletterrouten hingegen sind Gipfel wie die Guglia di Brenta (2883 Meter) erreichbar. Sichtungen von Braunbären sind in diesem Gebiet übrigens durchaus möglich: Seit 1999 wurden zehn Jungbären aus Slowenien und Kroatien im Park freigelassen, die sich bis heute auf 40 Exemplare vermehrt haben.

Im Adamellogebiet ist Wasser im Überfluss vorhanden. Seen, Wasserfälle und Wildbäche bieten vielfältige Impressionen.

Auf einen Blick

Lage: in der Provinz Trient zwischen dem Val di Sole und dem Val di Non bis zu den Tallandschaften der Giudicarien
Größe: 620 km^2
Gründung: 1967 (erweitert 1987)
www.valdisole.net/de/Naturpark-Adamello-Brenta/

Der Himmel spiegelt sich in einem der vielen Bergseen, und im Herbst bilden die orangefarbenen Lärchen einen herrlichen Kontrast zum dunklen Gestein. Vogelbeerbaum und viele Blumen setzen schöne Farbakzente.

MONTI SIBILLINI
Nationalpark

Schönste Farbtupfer setzt der Mohn, der in der antiken Mythologie die Blume der Fruchtbarkeitsgöttin Demeter war – aber wegen seines raschen Verblühens auch das Symbol der Vergänglichkeit ist.

Auch die Natur rollt manchmal einen roten Teppich aus, und jeder Wanderer darf sich dann wie ein Staatsgast fühlen. In den Monti Sibillini in Umbrien scheint sie gleich ein Dutzend Staatschefs zu erwarten, so verschwenderisch schüttet sie den Mohn über ihre Wiesen. Es ist ein derart liebliches und zartes Bild, als sei es einer Kinderzeichnung entnommen. Dabei sind die Monti Sibillini weit weniger harmlos, als sie scheinen. Dämonen sollen hier

leben und – als wollten sie das leuchtende Rot verspotten – Schwarze Magie betreiben. Am gefährlichsten aber ist die Prophetin Sibylle, die tief im Berg haust und sich dort allen irdischen Sünden hingibt. Manchmal verlässt sie aber ihre Grotte, um verirrte Wanderer mit ihren sibyllinischen Gesängen ins Verderben zu locken – oder auf die Gipfel, denn jenseits der Baumgrenze ist die Landschaft am schönsten.

Auf einen Blick

Lage: in Mittelitalien, in den Regionen Umbrien und Marken; das Besucherzentrum befindet sich in Montefortino
Größe: 697,2 km^2
Gründung: 1993
sibillini.net

JULISCHE ALPEN
UNESCO-Biosphärenreservat

Nach keinem Geringeren als dem römischen Kaiser Gaius Julius Caesar sind die Julischen Alpen benannt, denn man fand, beide entsprächen sich in ihrer Großartigkeit. Eine lange Zeit später zollt auch die UNESCO diesem Umstand Respekt, indem sie die Region vom Nordwesten Sloweniens bis ins nordöstliche Italien als Biosphärenreservat unter besonderen Schutz gestellt hat. Den höchsten Berg der Julischen Alpen, den 2864 Meter hohen Triglav, schützt bereits seit 1981 (in heutiger Form) ein Nationalpark. Weil das Konzept Biosphäre darauf beruht, Mensch und Natur in Einklang zu bringen und gleichzeitig die besondere Vielfalt einer Natur zu bewahren, wird auch in den Julischen Alpen Landwirtschaft betrieben: Land-, Milch- und Fortwirtschaft, Fischerei, Wasserwirtschaft und Käseproduktion sind Einnahmequellen. Der Tourismus gewinnt aber zunehmend an Bedeutung.

Auf einen Blick

Lage: südliche Kalkalpen, slowenische Gebiete Ober- und Innerkrain, italienische Region Friaul-Julisch Venetien
Größe: 1957,23 km^2
Anerkennung als UNESCO-Biosphärenreservat: 2003

Kristallklar schimmert das Wasser der Save vor der imposanten Kulisse der Julischen Alpen. Der größte Fluss Sloweniens entspringt am Fuße des Triglav.

Majestätisch sonnen sich die schroffen Felswände der Julischen Alpen in der Morgensonne.

DURMITOR
Nationalpark | UNESCO-Welterbe

Wenn man begreifen will, warum es in der Geschichte des Balkans so viele zermürbende, sich endlos hinziehende Kriege ohne Sieger gab, wird man in Gegenden wie den Durmitor-Bergen im Norden Montenegros die Antwort finden: weil es auf dem Balkan so viele Rückzugsmöglichkeiten gibt, in denen man über Jahre ausharren und den Kampf fortführen kann. Auch Durmitor, dieses wilde Durcheinander aus Gipfeln, Schluchten und Plateaus, diente als uneinnehmbare Fluchtburg von Kriegern. Hier ist die Landschaft so übermächtig, dass sie die Menschen einfach verschluckt wie Ameisen – wenn man bei diesen Superlativen keine Demut vor der Natur lernt, dann nirgendwo! Die 80 Kilometer lange Tara-Schlucht ist mit 1 300 Metern die zweittiefste Schlucht weltweit nach dem Grand Canyon. Und 48 Gipfel sind höher als 2000 Meter – der höchste ist der Bobotov Kuk.

Auf einen Blick

Lage: im Norden Montenegros, vom Bergmassiv Durmitor umschlossen
Größe: 390 km^2
Gründung: 1952
UNESCO-Weltnaturerbe: seit 1980
www.nparkovi.me/sajt/np-durmitor

Steiniges Gebirge, Geröll und Wasser, das sich völlig frei seinen Weg durch die Natur sucht: Der Durmitor-Nationalpark ist wie ein Rohdiamant der Natur.

Oben: Wilde Wölfe und Braunbären leben noch ganz ursprünglich im Nationalpark – für Weidevieh wie Schafe und Pferde stellen sie durchaus eine Gefahr dar.

BUCEGI
Nationalpark

Als hätten Wind und Wetter an der Sphinx von Gizeh herumgeknabbert, so wirkt eine Felsformation im Bucegi-Nationalpark wie ein in die Jahre gekommenes Abbild der berühmten Statue in den südlichen Karpaten. Tatsächlich heißt der Felsen auch Sphinx, aber im Gegensatz zu seinem ägyptischen Namensbruder ist er natürlichen Ursprungs und verfügt über ein tiefes Loch, das man als Auge deuten könnte. Dieser Monolith gehört wie auch die pilzförmigen Babele-Steine zu den Besonderheiten des rumänischen Nationalparks. Touristen kommen gern zum Wandern oder Skifahren und kehren in die umliegenden Hütten ein. Mit seinen 34 Höhlen und Wasserfällen bietet das gut erschlossene Naturschutzgebiet viel Abwechslung für Groß und Klein. Am beliebtesten sind die Ialomitei-Höhle und die Ratei-Höhle, außerdem noch die weiteren, bizarren Felsformationen.

Auf einen Blick

Lage: im Herzen Rumäniens, im Bucegi-Gebirge, einem Ausläufer der Südkarpaten
Größe: 326,63 km^2
Gründung: 1974

Um Transsilvanien ranken sich zahlreiche Legenden und Schauergeschichten. Doch die Natur erzählt oft ganz andere Geschichten: von bizarren Felsformationen und sanften Bergtälern – wie hier im Bucegi-Nationalpark.

Nicht ganz so detailreich ausgestaltet wie ihr ägyptisches Pendant, dafür aber von Mutter Natur gemeißelt: die Sphinx von Bucegi (links).

RILA
Nationalpark

Es liegt in der Natur der Sache, dass die Menschen seit jeher auf die Berge gestiegen sind, wenn sie ihren Göttern nah sein wollten. So gingen sie dem Himmel schon viele Schritte entgegen. Und deswegen ist es kein Zufall, dass das bedeutendste Kloster Bulgariens an den Flanken des höchsten bulgarischen Gebirges liegt: Auf fast 3000 Meter Höhe schraubt sich das Rila-Massiv im Südwesten des Landes gen Himmel und gibt auch dem Kloster seinen Namen, das als nationales Heiligtum gilt und von der UNESCO zum Weltkulturerbe erklärt wurde. Wer hier hinaufpilgert, darf sich fühlen, als habe er den halben Weg zum Allmächtigen schon hinter sich gebracht. Es liegt auf 1147 Meter Seehöhe, zwischen den beiden Flüssen Drusljawiza und Rila. Von der Hauptstadt Sofia sind es rund 120 Kilometer bis zum Rila-Nationalpark, der als europäisches Wildnis-Schutzgebiet zertifiziert ist.

Auf einen Blick

Lage: Südwesten des Landes, Oblast Sofia, im Rila-Gebirge
Größe: 810,46 km^2
Gründung: 1992
rilanationalpark.bg

Kein Gebirgszug auf dem Balkan ist höher als das Rila-Gebirge im Südwesten Bulgariens, das im mächtigen Musala seinen Höhepunkt findet. 2925 Meter ragt dieser steinerne Koloss in den Himmel.

Über 120 Trichterseen gibt es hier. Sobald die Schneeschmelze einsetzt, erhöht sich die Anzahl sogar noch. Dann treten auch die Krokusse zutage (oben). Später im Jahr wachsen dann Klee und Heidekräuter (links).

PIRIN
Nationalpark | UNESCO-Welterbe

Bulgarien hat als Reiseland ein Problem. Es wird touristisch fast ausschließlich auf die Schwarzmeerküste und bestenfalls noch auf seine byzantinischen Klöster reduziert. Dass Bulgarien ein Garten Eden ist, hat sich hingegen kaum herumgesprochen. Daran hat auch die Tatsache nichts geändert, dass die UNESCO den Pirin-Nationalpark im Südwesten des Landes schon im Jahr 1983 zum Weltnaturerbe erklärt hat – wegen seiner »außerordentlichen Schönheit«, wie es in der Begründung heißt, wegen seiner hochalpinen Landschaft mit 70 Gletscherseen und ungezählten Wasserfällen, markanten Gipfeln und idyllischen Hochalmen, die jeden Schwarzmeerstrand fast vergessen lassen. Allen Bergliebhabern sei damit ein wunderbares Refugium als Geheimtipp erhalten. Man findet hier tatsächlich eine der schönsten Wildnisse Europas.

Auf einen Blick

Lage: Südwesten des Landes, Oblast Blagoewgrad, im Pirin-Gebirge
Größe: 403,32 km^2
Gründung: 1963
UNESCO-Weltnaturerbe: seit 1983

Perun, der höchste Gott der slawischen Mythologie, hat dem Pirin-Nationalpark im südwestlichen Bulgarien seinen Namen gegeben. Und in der Tat wirkt die Natur hier in all ihrer Pracht wahrhaft göttlich.

Uralte Schwarzkiefern wachsen in den Wäldern, Gämsen streifen umher (links) und in den Lüften kreisen Falken und Adler: Paradiesisch muten die Verhältnisse im Nationalpark Pirin an.

THETH
Nationalpark

Über den Gebirgspass Qafa e Thorës gelangen Wanderer vom Nationalpark Valbonatal hinüber zum Teth-Nationalpark, der das gleichnamige Dorf Teth umschließt. Inmitten der »verwunschenen Berge« liegt eine wildromantische und ursprüngliche Landschaft, fernab der Zivilistation: Im Winter ist der Weg nach Teth teilweise monatelang nicht passierbar. Der Wandertourismus im Sommer hingegen

ist ein Hoffnungsschimmer für die hiesige Bevölkerung, die wirtschaftlich zu kämpfen hat. Viele bauten ihre Häuser zu kleinen Pensionen mit sanitären Anlagen um, Wanderwege wurden ausgewiesen und Bergführer zeigen Touristen die einzigartige Schönheit der Gebirgsregion.

Auf einen Blick

Lage: Qark Shkodra, nahe der Stadt Koplik, in Bjeshkët e Nemuna
Größe: 26,3 km^2
Gründung: 1966
thethi-guide.com

Spektakuläre Kulisse: steil aufragende Felswände und die höchsten Gipfel Albaniens vor himmlischem Farbenspiel.

METÉORA
UNESCO-Welterbe

Nördlich der Stadt Kalambaka liegt das Tal von Metéora. Ein atemberaubender Anblick erwartet den Besucher, denn im Tal erhebt sich eine Vielzahl einzeln stehender Felskegel, auf denen im Laufe der Zeit 24 Klöster errichtet wurden. Nur wenige davon werden noch heute bewohnt. Das Megálo-Metéoro-Kloster ist am höchsten gelegen. Es wurde um 1360 vom heiligen Athanasios, dem Bischof von Alexandrien, gegründet. Auf einem der anderen hohen Felsen erheben sich die Mauern des Klosters Nikólaos Anapavsás, das um 1388 gegründet wurde. 1517 entstand das Varlaám-Kloster, benannt nach jenem Einsiedler, der im 14. Jahrhundert an gleicher Stelle eine Kirche errichtet hatte. Es ist über eine Brücke erreichbar und wurde 1961–1963 zu einem Museum für die wertvollen Klosterschätze umgebaut. Das Kloster Rousánou wird seit Kurzem wieder von Nonnen bewohnt.

Auf einen Blick

Lage: im Osten des Pindos-Gebirges, in Thessalien
Größe: 272 km^2
UNESCO-Weltnatur- und -kulturerbe: seit 1988

Waghalsige Konstruktionen scheinen diese Klöster auf den Felsen. Metéora bedeutet so viel wie »in der Luft schweben«, was die Lage der Klöster gut beschreibt.

Beinahe unzugänglich sind die mehrere Hundert Meter hohen Sandsteinkegel von Metéora.

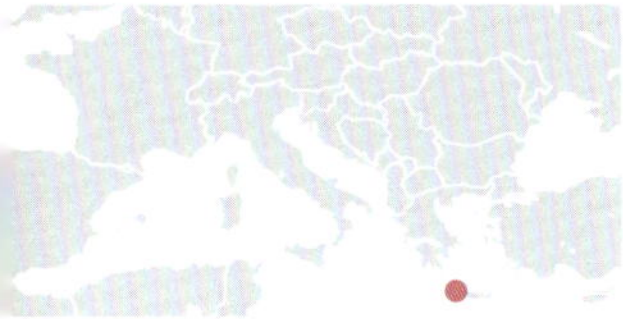

SAMARIA-SCHLUCHT

Nationalpark | UNESCO-Biosphärenreservat

Kristallklar und eiskalt fließt das Wasser durch die Samaria-Schlucht und bietet Wanderern eine willkommene Erfrischung (links). Bildleiste rechts: Gelbe Ragwurz, Platterbse, Wespen-Ragwurz.

Die längste Schlucht Europas mit ihren beeindruckend hoch aufragenden Felswänden steht seit dem Jahr 1962 unter Naturschutz. Die Region rundherum wurde 1981 als Biosphärenreservat ausgewiesen, was vor allem zum Schutz der Kretischen Wildziege beitragen sollte. Ein kleiner Erfolg ist hinsichtlich dieser Tierart auch zu verzeichnen, denn mittlerweile leben wieder etwa 2000 Tiere in dem Gebiet. Als ausgezeichnete Kletterer stellt die Durchquerung der Schlucht für sie kein großes Problem dar, Wanderer hingegen müssen sich auf einen 16 Kilometer langen Weg vom nördlichen Eingang durch das »Eiserne Tor« durch die Weißen Berge bis Agia Roumeli an der Küste einstellen. Auf der Route passiert man uralten Baumbestand und viele seltene Wildblumen. Und trifft natürlich Kri-Kris: Unter dieser Bezeichnung sind die Wildziegen ebenfalls bekannt.

Ihr zartes Fleisch macht die Kretische Wildziege zur begehrten Jagdtrophäe – trotz Artenschutz fällt sie Wilderern leider noch zum Opfer.

Auf einen Blick

Lage: an der Südwestküste der Insel Kreta
Länge: 13 km
Gründung: 1962
UNESCO-Welterbe: seit 1994
Anerkennung als UNESCO-Biosphärenresevrat: 1981

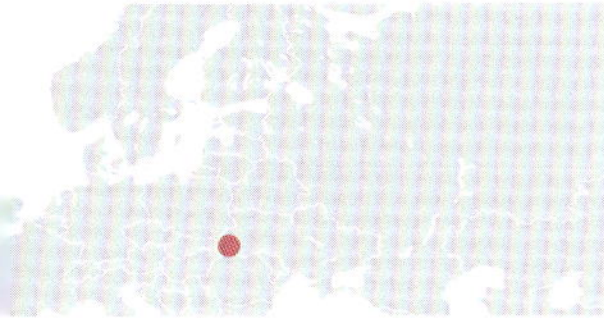

SYNEWYR
Nationalpark

Der Bergsee Synewyr ist der größte See der ukrainischen Karpaten und laut Ramsar-Konvention der UN ein besonders schützenswertes Feuchtgebiet. Drei permanente Gebirgsbäche fließen in den See, was seine schwankende Oberfläche von 4,5 bis 7,5 Hektar und das Entstehen von nährstoffreichen Mooren erklärt, die Lebensraum für eine Vielzahl von – teilweise unter Artenschutz stehenden – Pflanzen und Tieren wie den Europäischen Flusskrebs bieten. Das Gebiet rund um den See, um den sich Legenden ranken und der aufgrund seiner außergewöhnlichen Schönheit zu den sieben Naturwundern der Ukraine zählt, wurde 1989 zum gleichnamigen Nationalpark Synewyr ernannt. Der See liegt auf 989 Meter Höhe inmitten unberührter Wälder, durch die ein gutes Dutzend ökologische Lehrpfade und Wanderwege führen. Sehenswert ist das 2011 gegründete Bärenschutzzentrum.

Auf einen Blick

Lage: im Südwesten der Ukraine in der Oblast Transkarpatien, 250 km südlich von Lwiw; ein guter Ausgangspunkt ist das Besucherzentrum im Dorf Synevyr inmitten des Nationalparks.
Größe: 40,4 km^2
Gründung: 1989
www.npp-synevyr.net.ua

Der Nationalpark ist ein beliebtes Ziel für Tagesausflügler und Touristen, es gibt einige kleine Pensionen inmitten des Schutzgebiets. Wanderwege wie der Synewyr-Pass führen durch die unberührten Bergwelten.

Rotfüchse und Hirsche leben in den Wäldern des Nationalparks, auch seltene Tiere wie der Steinadler finden hier Lebensraum.

KARPATEN

UNESCO-Biosphärenreservat | UNESCO-Welterbe

Willkommen in der Wildnis: Das Biosphärenreservat Karpaten ist eines der größten Naturschutzgebiete der Ukraine und ist Teil der UNESCO-Weltnaturerbestätte »Buchenurwälder der Karpaten und Alte Buchenwälder Deutschlands«. In den Bergen der Karpaten finden sich die ältesten und größten Rotbuchen- und Buchenurwälder Europas mit mächtigen, bis zu 50 Meter hohen Buchen und Hochgebirgsbuchenwäldern in Höhenlagen von über 1500 Metern. 2416 Tierarten sind in den nahezu gänzlich ungestörten Waldgebieten registriert – darunter viele seltene Arten wie Eulen, Wisente, Elche, Bären, Luchse, Wölfe, Fledermäuse oder die in weiten Teilen Europas ausgestorbenen Europäischen Nerze. Der höchste Berg des Landes findet sich hier, der 2061 Meter hohe Howerla. Der tiefste Punkt ist das Narzissental nahe Chust– vor allem zur Blütezeit im Frühjahr ein Besucherhighlight.

Auf einen Blick

Lage: im Südwesten der Ukraine, in der Oblast Transkarpatien, nahe der rumänischen Grenze; die Kleinstadt Rachiw liegt im Naturreservat
Größe: 536,3 km^2
Anerkennung als UNESCO-Biosphärenreservat: 1992
www.cbr.nature.org.uae

In den Karpaten finden sich die letzten großflächigen Buchenurwälder Europas – seit dem Ende der Eiszeit konnte sich dieses Ökosystem ungestört entwickeln.

Die Landschaft ist abwechslungsreich – Hochwälder wechseln sich mit Wiesen, Steinfeldern, Felsen und Flüssen ab –, mehrere ausgeschilderte Wanderwege führen durch das beeindruckende Karpaten-Biosphärenreservat.

RUSSISCHE ARKTIS
Nationalpark

Der Nationalpark Russische Arktis wurde am 15. Juni 2009 gegründet. Er umfasste zunächst den nördlichen Teil der Doppelinsel Nowaja Semlja, die auf dem Globus wie ein Zeigefinger ins Nordpolarmeer deutet. Sie trennt die beiden Meere Barentssee (im Westen) und Karasee. Hier geht es nicht (nur) um den Schutz der zum Teil noch unberührten Natur, sondern vor allem um die Beseitigung der radioaktiven Überreste aus der sowjetischen Zeit und der militärischen Nutzung. 2010 wurde dem Nationalpark das Naturreservat »Franz-Josef-Land« angegliedert. Diese Inselgruppe liegt noch weiter nördlich, auf der Höhe von Spitzbergen. Benannt wurden sie um 1876 nach Kaiser Franz Joseph I. von Österreich-Ungarn. Überzeugte Europäer finden dort mit Kap Fligely den nördlichsten Punkt unseres Kontinents, auch wenn manche Geografen Franz-Josef-Land als Teils Asiens ansehen.

Auf einen Blick

Lage: auf dem nördlichen Bereich der Nordinsel genannten Insel Sewernyj der Inselgruppe Nowaja Semlja, zwischen Barents- und Karasee
Größe: 14 260 km^2
Gründung: 2009
www.rus-arc.ru

Im Nordpolarmeer sind an Landsäugetieren nur der Eisbär und in geringer Zahl der Polarfuchs heimisch. Wobei Eisbären im gewissen Sinn als Meeressäuger gelten, da sie ihr Leben überwiegend im Packeis verbringen.

Die Inseln der Franz-Josef-Land-Gruppe liegen östlich von Spitzbergen und nordwestlich der russischen Inselgruppe Nowaja Semlja im Polarmeer. Die Anzahl der Inseln vulkanischen Ursprungs schwankt je nach Quelle zwischen 187 und 192, etwa 85 Prozent der Oberflächen sind ständig vergletschert.

LADOGASEE

Gerade mal 40 Kilometer östlich von St. Petersburg breitet sich der riesige Ladogasee aus: Der größte See Europas ist fast 40 Mal so groß wie der Bodensee, mit beeindruckenden 220 Kilometern in Nord-Süd- Richtung und 80 bis 120 Kilometern Breite. Der Ladogasee ist etwa 225 Meter tief; über 500 kleinere und größere Inseln verteilen sich auf ihm. Entstanden ist er erst vor 15 000 Jahren, als am Ende der Weichseleiszeit die Gletscher des Inlandeises einen Talkessel formten, der sich bei ihrem Abschmelzen mit Wasser füllte und so zum Süßwassersee wurde. Sein Abfluss, die Newa, fließt durch St. Petersburg in den Finnischen Meerbusen. Der See ist beliebtes Wochenend- und Ferienziel vieler St. Petersburger, die ihre Freizeit in der Datscha genießen, im Winter gern angelnd auf dem teils mehrere Meter dicken Eis. Den See erkundet man am besten vom Segelboot aus oder man erwandert sich ein Stück der Ufer.

Während der Süden des Sees mit schönen Stränden zum Baden einlädt, strahlt der Norden wohltuende Ruhe aus mit felsigen Ufern, riesigen Waldflächen, seiner schieren Unermesslichkeit der vielen Inseln.

Blick über den Ladogasee: Felsen mit Kiefern- und Birkenbewuchs prägen die Landschaft.

Auf einen Blick

Lage: der größte See Europas liegt in Nordwestrussland zwischen der Oblast Leningrad und dem Süden der heutigen Republik Karelien, nahe der Grenze zu Finnland
Größe: 18 135 km²

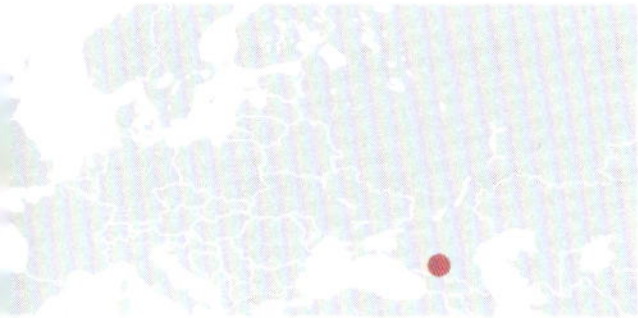

BOLSHOY TACH

Naturpark | UNESCO-Welterbe

Die im Nordkaukasus gelegene Republik Adygeja ist seit 1991 eine kleinere autonome Republik im südlichen Russland. Ihre Hauptstadt ist Maikop. Der Bolshoy (das heißt: »großer«) Thach, ein 2368 Meter hoher Berg, gibt dem Park seinen Namen. Der Begriff kommt aus der Adygeischen Sprache und bedeutet »Gott«. Ein Park von zunächst nur regionaler Bedeutung, aber zusammen mit anderen geschützten Gebieten wurde er 1999 der Welterbestätte »Westlicher Kaukasus« angeschlossen. Am Kamm des Hochkaukasus liegen entlang der südlichen Grenze zur Region Krasnodar die höchsten Berge der Republik. Hier gibt es ursprüngliche, vom Menschen unbeeinträchtigte Landschaftsvielfalt: Felsen, Wasserfälle, Höhlen, Schluchten, Canyons. Unberührte Bergwiesen wie dichter Tannenwald gehören dem Wild und den hier wieder angesiedelten Bisons.

Die beiden Bergstöcke bilden das sogenannte Teufelstor (Acheshbok, großes Bild) – Momente in abgelegener Bergeinsamkeit des Hochkaukasus.

Altai-Wapitis gehören zur Familie der Hirsche, sie sind aber größer als der europäische Hirsch und kleiner als Elche, die auch zu den Hirschen zählen.

Auf einen Blick

Lage: im westlichen Bereich des Hochkaukasus
Größe: 370 km^2
Gründung: 1997
UNESCO-Weltnaturerbe: seit 1999

ASIEN

So unermesslich groß ist Asien, dass selbst seine Einzelteile in ihrer gigantischen Ausdehnung unsere Vorstellungskraft übersteigen. Allein das, was wir als Fernen Osten bezeichnen – in Anlehnung an das »Far East« des Britischen Empire –, reicht von Indien bis Japan und von China bis Indonesien. Dieses Universum beherbergt den höchsten Gipfel der Erde, ist die Heimat von Milliarden Menschen und die Wiege zahlloser Hochkulturen. Hier gibt es Länder, die aus Tausenden von Inseln bestehen oder aus nichts anderem als Hochgebirge oder aus einem einzigen gigantischen Flussdelta – und selbst all das ist nur ein Teil Asiens.

Der Kuitun-Canyon im chinesischen Tian-Shan-Gebirge: Seine späte Entdeckung – wohl erst Ende der 1990er-Jahre – verdeutlicht die versteckte Lage hinter diesen schroffen rötlichen Felsen.

GOLDENE BERGE DES ALTAI
Naturreservat | UNESCO-Welterbe

Wie sehr die Landschaft von den Einheimischen geschätzt wird, zeigt allein schon der Name, denn Altai bedeutet im Mongolischen »Goldene Berge«. Sie sollen Sitz des sagenumwobenen Königreiches Shambhala sein.

Wie ein Schatzkästchen liegt sie behütet zwischen Sibirien, der Mongolei und China: Die Landschaft des Altai ist sagenumwoben und zählt zu den schönsten Sibiriens. Die 2000 Kilometer lange Gebirgskette markiert zugleich die Grenze zwischen der Trockensteppe der Mongolei und der sibirischen Taiga. Wie eine Krone ragt dabei der Gipfel des 4506 Meter hohen Belukha aus dem Altai, an seinen Hängen entspringt der Katun, der sich seinen Weg weiter durch schroffe, tiefe Schluchten bahnt.

Der Altai ist nicht nur ein Naturschatz mit seiner reinen Luft und den aufgrund des hohen Gehalts an Sandstein tiefgrün wirkenden Flüssen, sondern weist auch uralte Relikte der Menschheitsgeschichte auf, etwa in Form von Petroglyphen.

Auf einen Blick

Lage: Naturreservat in der Republik Altai, nahe der Grenze zu Kasachstan, China und Mongolei
Größe: 8812 km^2
Gründung: 1932
UNESCO-Weltnaturerbe: seit 1998

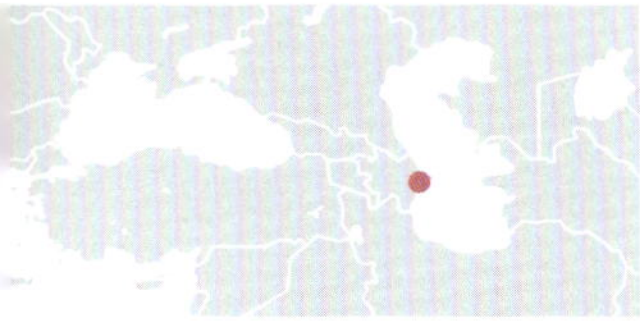

SCHLAMMVULKANE VON QOBUSTAN
Schutzgebiet

Nicht alle Vulkane spucken rot glühendes Feuer und heißes Gestein aus, manche begnügen sich auch mit wassergesättigtem Schlamm. Fast ein Drittel der rund 1100 Schlammvulkane der Erde liegen am Kaspischen Meer, auf der Halbinsel Absheron in Aserbaidschan. In regelmäßigen Abständen brechen diese rund 300 Kegel aus und schleudern teils Hunderttausende Kubikkilometer Schlamm in die karge Landschaft. Forscher vergleichen dieses Stück Erde mit dem Mars, dessen Oberflächenbeschaffenheit auch durch Schlammvulkane geprägt ist. Einige der Vulkane in Aserbaidschan besitzen zudem Feuerfontänen, die auf ein Vorkommen von Methangas zurückzuführen sind. Da der ausgeworfene Schlamm Jod, Brom, Kalzium und Magnesium enthält, wird ihm eine heilende Wirkung unterstellt, und Besucher können ein Schlammbad nehmen.

Auf einen Blick

Lage: Bezirk Qobustan im Nordosten von Aserbaidschan, nah dem Kaspischen Meer
Gründung: 2001

Nur wenige Tiere und Pflanzen sind in nächster Nähe der Schlammvulkane zu finden. Die Kaukasus-Agame hat hier aber eine Nische zum Überleben gefunden (großes Bild).

Rund 200 Eruptionen wurden seit dem Jahr 1810 hier aufgezeichnet. Das Auftreten von Schlammvulkanen lässt meist auf reiche Ölvorkommen unter der Erde schließen.

GÖREME

Nationalpark | UNESCO-Welterbe

Nicht der spanische Architekt Gaudí formte diese Türme, Kamine und pilzartigen Gebilde, sondern die Natur. Auch wenn sie nach der organischen Architektur des großen Künstlers von Barcelona ausschauen: Vulkane waren die Baumeister, die im Laufe der Jahrmillionen Tuffgestein aufschichteten, Wind und Wasser waren die Steinmetze. Nur die härteren Gesteinsschichten widerstanden der Erosion und bildeten die berühmten Felsformationen – die Feenkamine.

Die Christengemeinschaften Anatoliens fanden hier ab dem 4. Jahrhundert Schutz vor Feinden und konnten ungestört ihren Glauben ausüben. Sie höhlten das weiche Tuffgestein aus und bauten Gänge, Zimmer und ganze Kirchen. Göreme ist das Zentrum des gleichnamigen Nationalparks und von allen Tälern am besten erschlossen, allerdings auch touristisch überlaufen. Wer Abgeschiedenheit sucht, wird sie eher in den Nebentälern finden.

Auf einen Blick

Lage: in Kappadokien, im Zentrum der Türkei
Größe: 95,72 km^2
UNESCO-Weltnatur- und -kulturerbe: seit 1985

Göreme bildet das Zentrum des gleichnamigen Nationalparks. Das Tuffgestein hält die Behausungen im Sommer kühl und schützt vor der winterlichen Kälte. Einige Wohnhöhlen wurden in Hotelzimmer umgewandelt.

Im Hochland von Nevsĩehir in Kappadokien wurden Tuffserien vulkanischen Ursprungs, die auf älterem Gestein aufliegen, durch Erosion in unterschiedlichem Maße abgetragen. Dabei entstand eine Felslandschaft mit pilz-, säulen- und pyramidenförmigen Felsformationen.

TOTES MEER

Das abflusslose Tote Meer ist die tiefste sichtbare Depression der Erdkruste. Sie liegt 428 Meter unter dem Meeresspiegel. Noch bis vor etwa 20 Jahren bestand das Meer aus einem größeren Nord- und einem kleineren Südteil, eingeschnürt durch die Lisan-Halbinsel. Inzwischen hat sich der Meeresspiegel so dramatisch abgesenkt, dass nur noch im Norden ein Meer mit einer Fläche von rund 800 Quadratkilometern, einer mittleren Tiefe von 120 Metern und einem Umfang von 135 Kilometern übrig geblieben ist. Grund dafür ist die erhöhte Wasserentnahme aus dem Jordan. Israel und Jordanien benötigen das Wasser dringend zur Bewässerung, für die Industrie, vor allem aber als Trinkwasser. Weil jedoch die Verdunstung gleich hoch bleibt, die Wasserzufuhr aber abnimmt, trocknet das Tote Meer langsam aus. Seit den 1980er-Jahren sinkt der Meeresspiegel um rund einen Meter pro Jahr.

Auf einen Blick

Lage: im Osten von Israel, grenzt an Jordanien
Größe: 810 km^2

Das Tote Meer wird vom Jordan gespeist, der im christlichen Glauben als Taufstätte Jesu eine besondere Bedeutung hat. Er transportiert Süßwasser in den See, das durch Verdunstung versalzt.

In natürlichen Töpfen vor dem Toten Meer hat sich Wasser gesammelt. Es verdunstet bei der starken Sonneneinstrahlung und hinterlässt eine dicke Salzkruste.

WADI RUM

Naturschutzgebiet | UNESCO-Welterbe

Das auf einem Sandsteinplateau gelegene Wadi Rum entstand vor etwa 30 Millionen Jahren als Folge einer erdgeschichtlichen Verwerfung, bei der ein großer geologischer Bruch riesige Schluchten aufriss und einzelne Berge isolierte. Mithilfe der Erosion entstand im Lauf von Jahrmillionen eine spektakuläre Wüstenlandschaft mit engen Schluchten, bizarren Felsformationen und vielen Höhlen. Aufgebaut sind die Berge rund um das Wadi Rum aus Granit- und Sandstein. Der dunklere Granit bildet den Sockel, der rötliche Sandstein die Gipfel der Erhebungen. So erklären sich auch die vielen Quellen gerade an den engeren Stellen des Wüstentals: Das Regenwasser winterlicher Niederschläge dringt durch den porösen Sandstein, stößt auf undurchdringlichen Granit und fließt zum Hang hinab, wo die Quellen oftmals Dutzende von Metern über dem Talgrund entspringen.

Auf einen Blick

Lage: im Süden Jordaniens, an der Grenze zu Saudi-Arabien
Größe: 740 km^2
UNESCO-Weltnatur- und -kulturerbe: seit 2011

Die zahlreichen Quellen im Wadi Rum erklären die frühe Besiedlung des Tals wohl schon in der Jungsteinzeit (ab 10 000 bis 6000 v. Chr.).

Berühmt wurde das Wadi Rum vor allem durch die Schilderungen des »Lawrence of Arabia«, der in seinem Buch »Die sieben Säulen der Weisheit« schreibt: »... man fühlte sich beängstigt und beschämt, sich mit seiner Geringfügigkeit breitzumachen inmitten dieser riesenhaften Berge.«

SCHARYN
Nationalpark

Seit drei Millionen Jahren spielen Felsen und Fluss hier ihr bewegendes Spiel. Damals begann sich das Land zu erheben, und der oben gelegene See lief leer. Er verwandelte sich in einen Fluss, dessen Wasser die weichen Sandsteine umspülte, sich mit seiner Kraft Stückchen des Felsens abzupfte und sie mit auf seine Reise nahm. Die kleinen Gesteinsbrocken zermahlten sich im Lauf der Flussfahrt zu Sand, und der Felsen sieht heute aus wie von einem Steinmetz behauen. Ein Schauspiel, das vielen vom Grand Canyon bekannt ist, deswegen wird der Scharyn-Canyon auch oft als kleiner Bruder des US-amerikanischen Naturwunders bezeichnet. Manche der verbleibenden Felsen erinnern an Türme von Burgruinen, andere an Gedenksteine – alles in einer sanft rostroten Farbe. Besonders bei Sonnenauf- und -untergängen scheinen die Steine zu leuchten.

Auf einen Blick

Lage: im äußersten Südosten Kasachstans
Länge: 80 km
Gründung: 1964

Die in der Nähe der chinesischen Grenze gelegene Schlucht ist rund 300 Meter tief. Obwohl Schlangen und Skorpione in den Felsnischen leben, zeigen sie sich selten, ebenso wenig wie die scheuen Erdhörnchen.

»Tal der Burgen« heißt der besonders spektakuläre Abschnitt des Scharyn-Canyons. Nicht nur die Felsformationen sind einmalig, in dem Reservat kommen auch 1500 verschiedene Pflanzenarten vor. Unter Botanikern ruft eine uralte Eschenart, die bis in die Eiszeit zurückgeht, Begeisterung hervor. Vom uigurischen Wort für Esche, »scharyn«, beziehen auch Fluss und Canyon ihre Namen.

PAMIRGEBIRGE

Kristallklare Gewässer, teils von Gletschern gespeist und das Himmelsblau spiegelnd, bilden in der Pamir-Region einen spannenden Kontrast zu den zerklüfteten braun-grauen Felsen des schroffen Gebirgsmassivs.

Die zweithöchste Bergkette der Erde liegt auf dem Gebiet von vier Ländern (Kirgisistan, China, Afghanistan, Tadschikistan) und zählt wie der Himalaya zum »Dach der Welt«. Im Vergleich mit diesem ist sie aber touristisch noch kaum erschlossen. Im Pamir, der den Knotenpunkt der höchsten Gebirgsketten auf dem eurasischen Kontinent bildet (Tian Shan, Karakorum, Kunlun Shan und Hindukusch), befindet sich der längste Gletscher außerhalb der

Polarregion. Das Pamirgebirge ist geologisch sehr aktiv. Vor rund 100 Jahren entstand durch ein Erdbeben der tiefblaue Saressee: Ein riesiger Bergsturz verschüttete das Dorf Usoi und sperrte das Tal vollständig ab. Der größte See des Pamir, der Karakulsee, ging vor rund fünf Millionen Jahren aus einem Meteoritenkrater hervor. Trotz der extremen Temperaturschwankungen zwischen Tag und Nacht und zwischen den Jahreszeiten beherbergt der Pamir eine reiche alpine Flora überwiegend zentralasiatischen Ursprungs.

Auf einen Blick

Lage: das Faltengebirge Pamir gehört zu Kirgisistan, China, Afghanistan und Tadschikistan
Größe: 120 000 km^2

GOBI GURVAN SAIKHAN
Nationalpark

Khongoryn Els, die wohl spektakulärste Sehenswürdigkeiten in der Wüste Gobi und Teil des Nationalparks Gobi Gurvan Saikhan, hat nicht nur die größten Dünen der Mongolei, sondern ist auch für seine »Singenden Dünen« bekannt. Streicht der Wind in einem bestimmten Winkel über die Kuppe, gibt der gleitende Sand einen kilometerweit hörbaren Orgelpfeifton von sich. Weil der Wind stets von Norden nach Süden weht, werden die Sanddünen bis zu 300 Meter hoch. Wer eine Düne zu erklimmen versucht, weiß, welche Leistungen die Kamele als bewährte Transportmittel auf Sand vollbringen. Im Norden gibt es parallel zu den Dünen in Linienformen üppige Vegetationen, die vom Fluss Chongoriin Gol umgrenzt werden. Dieser fließt an den Sanddünen entlang und bildet eine Oase inmitten der trockenen Landschaft. Seine Quelle liegt unter der Erde.

Auf einen Blick

Lage: im Süden der Mongolei, in der Provinz Ömnö-Gobi-Aimag
Größe: 27 000 km^2
Gründung: 1993

Khongoryn Els ist ein 80 Kilometer langes Dünenfeld in einem schmalen Tal in den Gobi-Altai-Bergen. Bei Temperaturen von –15 Grad im Januar und 20 Grad im Juli gibt es Megadünen, die mehr als 300 Meter hoch sind.

Aufgrund der beeindruckenden blassgelben Farbkombinationen strahlen die Dünen eine besondere Ruhe aus. Mit der ist es jedoch vorbei, wenn der Wind über die Kuppen streift und Töne erzeugt, die kilometerweit zu hören sind. Die Sanddünen umgibt Steppe, so weit das Auge reicht.

CHINESISCHER TIAN SHAN
UNESCO-Welterbe

Einst muss ein gigantischer Ozean hier gewesen sein, an den nördlichen Ausläufern des Tian Shan: Denn die Schlucht Kuitun in der Nähe der Orte Dushanzi und Wusu ist nicht wie so viele andere bedeutende Canyons der Welt von Flüssen ausgewaschen worden. Der Kuitun-Canyon ist Teil der Welterbestätte »Chinesischer Tian Shan« und besteht ausschließlich aus Sand und Kies von einem Meeresboden, der über Jahrmillionen abgetragen wurde und zu einer festen Berglandschaft mit zahlreichen Spalten und Furchen zusammenwuchs. Geologische Prozesse und Auffaltungen taten ihr Übriges, um dem Canyon heute sein ungewöhnliches Antlitz zu geben. Durchzogen wird das gewaltige Schluchtensystem durch zahlreiche Bäche und Flüsse aus dem Tian Shan, deren Wasserläufe sich je nach Jahreszeit und Niederschlagsmenge verändern.

Auf einen Blick

Lage: der chinesische Teil des Gebirgszug liegt im Nordwesten der autonomen Region Xinjiang
Größe: 6068,33 km^2
UNESCO-Weltnaturerbe: seit 2013

Im Frühjahr schwellen die Wassermassen im Kuitun-Canyon an und umfließen die von tiefen Spalten geprägten Felswände der Schlucht.

Wohl kaum einer bleibt bei dem Anblick, der sich am Kuitun-Canyon bietet, unbeeindruckt. Er wird gesäumt von Felsplateaus, in und an denen sich unzählige Furchen und Faltungen gebildet haben.

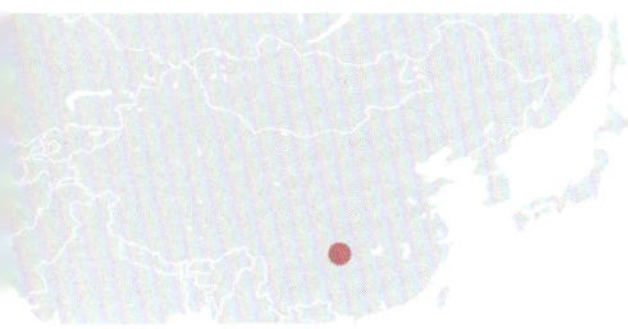

WULONG
Landschaftspark | UNESCO-Welterbe

Konventionen sucht man hier vergebens, denn kein Anblick gleicht dem nächsten. Eines scheint ihnen dennoch gemeinsam: Die Karstformationen sehen beeindruckend aus, egal, ob grün bewachsen oder Tore bildend.

Im tropischen Südchina sind durch Kohlensäurereaktionen ausgeprägte Verwitterungsformen entstanden, die man als Karst bezeichnet. Hier führte die intensive Verwitterung zu fantastischen Formen – etwa Kegelkarst, Turmkarst und Steinwälder. Das Welterbe umfasst mehrere Areale mit entsprechend benannten Formationen in Shilin bei Kunming, Libo bei Guiyang und Wulong bei Chongqing. Letzterer Landschaftspark umschließt auch ein Gebiet, das als »Drei natürliche Brücken« bekannt ist. Diese Steinbrücken und die sie umgebenden Felsformationen sind allesamt dank der Erosion des Karsts entstanden – und nachhaltig eindrucksvoll. Im Chinesischen sind die Brücken nach Drachen benannt: Tianlong (Himmelsdrache), Qinglong (Azurdrache) und Heilong (Schwarzer Drache). Zwischen ihnen finden sich Canyons, Höhlen und Wasserfälle.

Wasser kennt glücklicherweise kein Angstgefühl, denn ansonsten würde es ihm manchmal sicher etwas bange werden, wenn es sich rund 80 Meter im freien Fall von Felskanten stürzt, hinab in enge Schluchten.

Bunt gefleckt ist die Mandarinnatter nicht gerade unauffällig. Diesen Nachteil macht sie durch Schnelligkeit wieder wett.

Auf einen Blick

Lage: im zentralen Süden Chongqings gelegen, Teil der südchinesischen Karstlandschaft
UNESCO-Weltnaturerbe: seit 2007

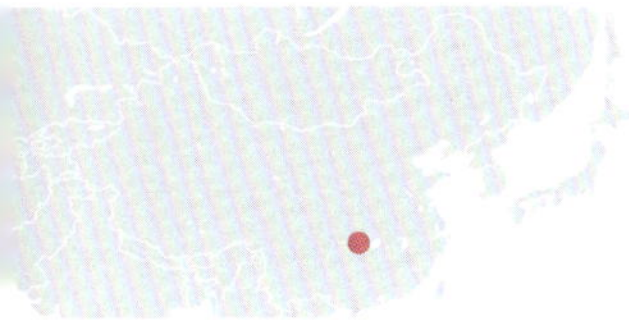

WULINGYUAN
Landschaftspark

Die Gipfel, die sich auf die zwei Gebiete Zhangjiajie und Tianzi Shan sowie entlang der Ufer des Jinbianxi verteilen, wurden aus einer 500 Meter starken Sedimentschicht durch die Kräfte der Erosion geformt. Die Täler zwischen ihnen sind so schmal, dass dort keinerlei Landwirtschaft möglich war. Daher blieb diese Region in der Provinz Hunan im Südosten Chinas weithin unbesiedelt. Nahezu alle auffälligeren Felsen tragen heute blumige Namen. Das ganze Areal ist dicht bewachsen und von Wasserläufen durchzogen. Rund 3000 Pflanzenarten wurden hier gezählt, die Luft ist grundsätzlich sehr feucht. Zu den weiteren besonderen Attraktionen dieser Landschaft gehören außerdem zwei natürliche Brücken. Die eine, 26 Meter lang, spannt sich in etwa 100 Meter Höhe über den Talgrund; die spektakulärere Brücke ist sogar 40 Meter lang und schwingt sich in etwa 350 Meter Höhe über das Tal.

Wie einsame Riesen, die für ewig in Stein gefroren wurden, ragen die Säulen in die Höhe. Rhesusäffchen leben hier zwischen den Felsen (oben).

Auf einen Blick

Lage: direkt im Norden der Stadt Zhangjiajie, im Nordwesten von Hunan, Teil des Zhangjiajie Global Geopark
Größe: 264 km^2
UNESCO-Weltnaturerbe: seit 1992

»Mystik« ist wohl das Wort, mit dem man am besten beschreiben kann, welchen Eindruck die von dunklem Grün bedeckten Sandstein- und Karstformationen erwecken, besonders wenn sich zäher Nebel zu ihren Füßen hält.

GYEONGJU
Nationalpark

Wunderschöne Wildnis trifft im Gyeongju-Nationalpark auf uralte Kulturschätze. Im einzigen historischen Nationalpark Koreas kommen Natur- und Kulturliebhaber gleichermaßen auf ihre Kosten. Die riesigen bemalten Holztüren am Mangwolsa-Tempel sind mindestens so beeindruckend wie die Rückenzeichnung einer hiesigen giftigen Tigernatter, von der sich Wanderer möglichst nicht beißen lassen sollten. Natürliche Felsverwitterungen zeichnen ihre Muster neben in den Granitstein geschnitzte Buddhafiguren. Der berühmte Bulguksa-Tempel, Markenzeichen des Parks, steht seit fast 1500 Jahren an seinem Platz, wenn auch kein Stein mehr aus der alten Silla-Zeit stammt. Zu den Besonderheiten der Natur zählen die hier wachsende Japanische Rotkiefer und die im Schutzgebiet lebende Mandarinente. Letztere ist wegen ihren leuchtenden Federn als Ziergeflügel beliebt.

Auf einen Blick

Lage: im Osten von Südkorea in der Provinz Gyeongsangbuk-do; nächstgelegene Stadt ist Gyeongju
Größe: 138 km^2
Gründung: 1968
UNESCO-Weltkulturerbe: seit 2000

Es gibt Tageszeiten, da scheinen Bäume heimlich zu tanzen. Normalerweise werden sie dabei nicht von Menschen beobachtet und schon gar nicht fotografiert wie diese heiligen Kiefern im Park.

Bildleiste oben: Wiedehopfe, Streifenhörnchen und zwei Mandarinentenerpel. Mystisch muten die Bäume im Park an, wenn Sonnenlicht einfällt (links).

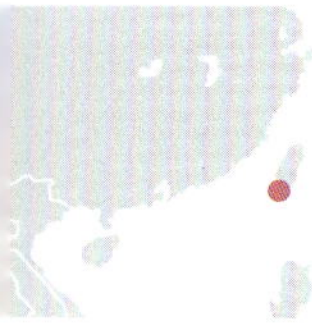

TAIJANG
Nationalpark

Der Park umfasst circa 50 Quadratkilometer Landfläche, die das Einzugsgebiet der Stadt Tainan ausmacht, und 340 Quadratkilometer Meeresgebiet, zu dem u. a. Watt, Lagunen, Mangrovensümpfe und Feuchtgebiete gehören. In den Gewässern leben neben Fischen und Säugetieren auch Vögel wie der seltene Schwarzstirnlöffler. Dem Vogel ist hier eigens ein Reservat gewidmet. Frühere Schiffskanäle und -routen tragen zur Attraktivität des Parks bei: Besucher können auf Kanu- oder Floßfahrten die Mangrovenwälder entdecken. Der Sicao-Tunnel etwa war vor 200 Jahren der erste Kanal der Stadt Tainan, in der heute Teile des Nationalparks liegen. Fährt man in gut einer Stunde zwischen den niedrig gewachsenen Tunneln aus Bäumen und Mangroven hindurch, begegnet Besuchern mit Sicherheit die ein oder andere Winkerkrabbe oder Schlammspringerverwandte.

Auf einen Blick

Lage: an der Küste im Südwesten der Insel Taiwan; nächstgelegene Stadt ist Tainan
Größe: 393 km^2
Gründung: 2009

Wie der Amazonas in Miniatur wirken die Mangroven von Tainan (links). Schön ist auch der Sonnenaufgang über dem Wasser im Qigu-Distrikt der Stadt (oberstes Bild links).

Die Feuchtgebiete und Mangrovensümpfe des Parks sind Heimat zahlreicher Vögel wie Eisvögel (großes Bild) oder Schwarzstirnlöffler und Regenpfeifer (Bilder links).

FUJI-HAKONE-IZU
Nationalpark

FUJI-HAKONE-IZU
Nationalpark

Der Fuji ist nicht nur ein heiliger Berg, er ist ein Gott. Und er ist, das sagen die Menschen hier, das Herz der Japaner. Wenn sie traurig sind, blicken sie auf den Fuji und sind wieder glücklich. Der Fuji ist auch ein Wunderberg. Wer ihn besteigt, wird ein guter Mensch, heißt es, denn da der Vulkan ein Gott ist, hat man auf seinem verschneiten Gipfel teil an der göttlichen Vollkommenheit. Deswegen pilgern jedes Jahr Hunderttausende zu dem 3776 Meter hohen Berg, der als Ehrfurcht gebietender Solitär auf Honshū steht. Niemand wagt es, ihm Konkurrenz zu machen, kein anderer Berg traut sich in seine Nähe – er kann wirklich nur ein Gott sein. Doch für Ehrfurcht ist am Fuji kein Platz. Denn nur zwei Monate beträgt die offizielle Bergsteigersaison, die am 1. Juli beginnt. In dieser Zeit will alle Welt auf den Berg. Der Fuji ist Teil des Nationalparks Fuji-Hakone-Izu.

Auf einen Blick

Lage: im Zentrum von Honshū; der Park umfasst den Fujisan, die Fuji-Seen, Hakone, die Izu-Halbinsel und -Inseln
Größe: 1218 km^2
Gründung: 1936

Er ist das Wahrzeichen Japans und die Essenz der japanischen Seele: Der 3776 Meter hohe Fuji ist nicht nur der höchste, sondern auch mit Abstand der berühmteste Berg des Landes.

Heute ist der Stratovulkan mindestens ebenso ein spiritueller Ort wie eine Massentourismus-Attraktion. Dabei wird gern verdrängt, dass der Fuji immer noch aktiv ist und jederzeit aus-brechen kann.

Dramatische Augenblicke: Im Kunterbunt des Sonnenunterganges erscheint der heilige Berg Fuji erhaben ruhend in seiner ansonsten eher kargen Landschaft.

SOBO, KATAMUKI UND OKUE
UNESCO-Biosphärenreservat

Wald, Wald und wieder Wald: Die erst 2017 zum Biosphärenreservat ernannte Gegend rund um die drei Berge Sobo, Katamuki und Okue ist fast durchgängig von Bäumen bedeckt. Vornehmlich Buchen, in den höheren Lagen immergrüne Koniferen, bilden die von oben aus gesehen dichte grüne Decke, in der vor allem Sikahirsche ihr Zuhause haben. Einsame Wanderungen sind in dem touristisch relativ wenig erschlossenen Areal ohne Weiteres möglich, das Wegnetz ist hinreichend ausgebaut. Der Sobo ist mit seinen 1756 Metern der höchste Berg im Reservat. Eine spannende Landschaft findet sich auch am Okue. Zum Biosphärenreservat ernannt wurde das Gebiet, um das Zusammenspiel von Mensch, Natur und Handwerk zu würdigen und zu stärken, das unter anderem aus traditioneller Shiitakepilzzucht, Waldwirtschaft und Kohlegewinnung besteht.

Auf einen Blick

Lage: in der Sobo-Katamuki-Okue-Gebirgskette auf Kyūshū
Größe: 2436 km^2
Anerkennung als UNESCO-Biosphärenreservat: 2017

Die Manai-Wasserfälle (unten) in der Takachiho-Schlucht sind 17 Meter hoch. Beeindruckend ist der Kontrast des Wasserfalls zu den grün bewachsenen Hängen.

Das Wasser der Takachiho-Schlucht gräbt sich seinen Weg durch engste Gesteinsspalten und über moosbewachsene Felsen (links).

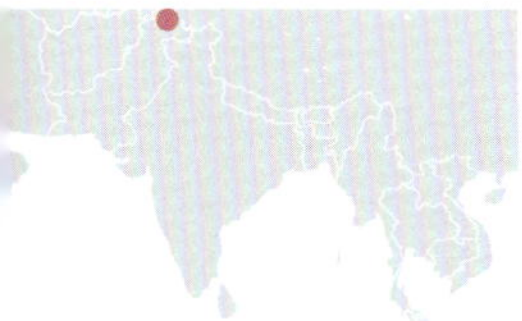

BATURA MUZTAGH

Die über 6100 Meter hohen Passu-Kegel erheben sich majestätisch und mit ihren scharfzackigen Felsen äußerst fotogen nordöstlich des Örtchens Passu über das Gebirge Batura Muztagh, einen Ausläufer des Karakorum. »Tupopdan« nennen sie die Einheimischen, was so viel bedeutet wie »ein Stück Sonne«. Ihre Erstbesteigung glückte vor gar nicht allzu langer Zeit, erst 1987 konnte eine Seilschaft von fünf britischen Bergsteigern zum ersten Mal ihren Blick von ihrem Gipfel aus schweifen lassen. Nordwestlich vom Tupopdan aus gesehen fließt der Passu-Gletscher 24 Kilometer Richtung Osten, flankiert vom 7748 Meter hohen Berggiganten Passu Sar und dem Shispare. Letztgenannter Gipfel forderte die Bergsteigerwelt mit seinen 7611 Metern heraus und widersetzte sich lange: Eine koreanische Expedition erreichte 1994 den schwer zu bezwingenden Gipfel und ist bis heute die einzige, der das gelang.

Auf einen Blick

Lage: die Berge rund um den Ort Passu befinden sich auf dem Gebiet des Distrikts Gilgit; der höchste Berg des Massivs ist Passu Sar

Meist hängen Wolken an den Hängen der Passu-Kegel und verleihen ihrer imposanten Größe nochmals Nachdruck. Die zackige Form ist charakteristisch für die Bergkette, die oft auch als »Passu Cathedral« bezeichnet wird.

Der Passu-Gletscher liegt südlich des namensgleichen Ortes und ist verbunden mit dem bekannten Batura-Gletscher.

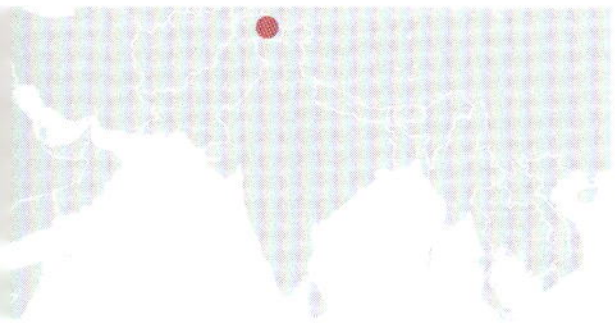

KARAKORUM

Vor 1500 Jahren kämpfte sich der chinesische Pilger Faxian auf der Suche nach buddhistischen Heiligtümern durch die tiefsten Tiefen und taumelndsten Höhen des Himalaya. Eines Tages gelangte er in den Karakorum und erstarrte vor Schreck und Ehrfurcht. Die Berge, schrieb er später, seien hier »eine Wand aus Stein, die vom Indus auf 10 000 Fuß emporsteigen«. Bis heute steht man wie erstarrt vor dem Karakorum, der sich vollkommen unvermittelt bis zu 5500 Meter hoch aus der Ebene emporstemmt, als sei es die Festungsmauer des Himmels, gekrönt vom K2, dem zweithöchsten Berg der Erde. Rauer und schroffer ist der Himalaya nirgendwo, und die Wildheit der Natur überträgt sich auf die Menschen. Es ist eine Welt jenseits der Welt, in die spät der Fortschritt kam – so spät, dass die Bewohner den ersten Jeeps, die im Karakorum auftauchten, angeblich Heu als Futter anboten.

Auf einen Blick

Lage: im Westen an das Hindukusch-Gebirge angrenzend sowie im Süden an den Himalaya, erstreckt sich das Karakorum-Gebirge über die teilweise umstrittenen Grenzen von Pakistan, Indien und China

Wer den langen Pfad zum Gipfel des K2 auf sich nimmt, passiert wohl auch dieses schneebedeckte Geröllfeld. Es ist bekannt als Ali Camp und liegt unmittelbar vor dem Gondogoro-Pass.

Der Baltoro-Gletscher liegt im östlichen Karakorum und ist einer der bekanntesten der Region (ganz links). Ebenso sehenswert ist der Laila Peak (links).

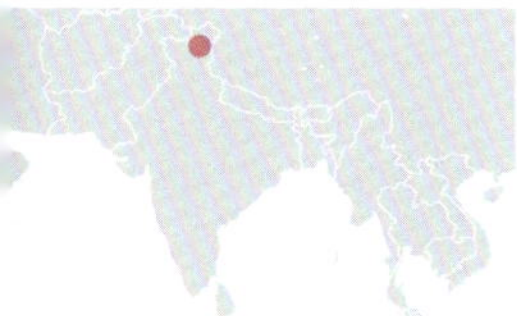

HEMIS
Nationalpark

Alle zwölf Jahre findet im buddhistischen Kloster Hemis ein farbenfrohes und fröhliches Festival statt: Die Tibeter feiern dann das Jahr des Affen, das Vorbote eines besonders glücklichen Schicksals ist. Das Kloster zählt zu den ältesten und größten der Umgebung und liegt umgeben vom gleichnamigen Nationalpark etwa 40 Kilometer von der Stadt Leh entfernt in Ladakh. Seine Hochlage auf über 3000 Metern macht ihn zu einem einzigartigen Lebensraum, nicht zuletzt für den seltenen Schneeleoparden, von dem geschätzt etwa 50 Exemplare hier leben. Pinienwälder kommen am besten mit den trockenen Klimaverhältnissen der Region zurecht und versetzen Besucher in Kombination mit den majestätischen Felsformationen, den Schluchten und Wasserläufen zurück in eine ursprüngliche Welt, in der man von den Annehmlichkeiten der Zivilisation noch weit entfernt war.

Auf einen Blick

Lage: im zentralen Osten von Jammu-Kashmir, in der Region Ladakh
Größe: 4400 km^2
Gründung: 1981

Ein kleiner Kopf, zottige Federn im Nacken und weit ausgebreitete Schwingen: Das ist der Bartgeier, der sich hier an einem Wintermorgen in die Lüfte schwingt. Sein Ausblick beinhaltet zackige Gipfel und türkisfarbene Flussläufe.

Das Leben in der Kargheit scheint den Ziegen (ganz links) und auch den gefährdeten Steppenschafen (links) nicht viel auszumachen.

SAM PHAN BOK

Wie von einem anderen Planeten wirkt die Szenerie am Sam Phan Bok. Hier ist der Mekong zu einem Künstler geworden und hat sich kräftig der Formen- und Farbpalette der Natur bedient. Er hat gemeißelt, runde Löcher gefräst, Ecken glatt geschliffen und manche Felsen mit wunderbaren Löchern versehen, in denen er mit seinem Wasser herrliche Farb- und Lichtspiele treibt. Ob Türkis oder fast Schwarz – die Farben in den kleinen Tümpeln sind oftmals außergewöhnlich. Und in vielen hat sich neues Leben gebildet, das sich in Form von Wasserlinsen zeigt, die mit ihrem frischen Grün für den noch fehlenden Farbakzent sorgen. Manche Besucher erinnern die orangenfarbenen Töne und die geschliffenen Felsen an die Schluchten im Westen der USA, deswegen trägt der Naturpark auch den Spitznamen »Grand Canyon Thailands«.

Auf einen Blick

Lage: im Mekong, Nordostthailand, Provinz Ubon Ratchathani

Mehr als 3000 Löcher hat der mächtige Mekong in die Felsen bei Sam Phan Bok geknabbert, manche sind ganz klein, andere groß wie Teiche.

Der Besuch hier gleicht einem schillernden Fest der Farben, ist aber ausschließlich in der Trockenzeit von Januar bis April möglich, da das Gebiet nur dann zugänglich ist. Den Rest des Jahres liegt diese Wunderlandschaft komplett unter Wasser.

MU KO SIMILAN
Nationalpark

Wie eine Perlenkette liegen die neun Eilande der Similan-Inseln 70 Kilometer vor der thailändischen Westküste in der Andamanensee. Der Einfachheit halber hat man sie von Norden nach Süden durchnummeriert. Zusammen mit zwei weiteren Inseln bilden sie den zur Provinz Phang-nga gehörenden Nationalpark Mu Ko Similan. Taucher und Schnorchler freuen sich hier über spektakuläre Sichtweiten von in der Regel 18 bis 25, teilweise sogar mehr als 40 Meter unter Wasser. Die im Westen der Inseln gelegenen Tauchgründe sind zur See hin offen, die im Osten werden von Korallenriffen gesäumt. Zu den größeren Arten der Tierwelt rund um die Similan-Inseln gehören Walhaie und Hairochen, graue Riffhaie und Mantas. An Land locken Traumstrände mit weißem, feinem Sand. Charakteristisch sind die bis zu 200 Meter hohen, wie von Riesenhand aufgetürmten Felsformationen.

Die Similan-Inseln sind der ideale Ort für einen Abstecher in die Unterwasserwelt: Die Tauchgründe des Mu-Ko-Similan-Nationalparks gehören zu den besten Revieren der Welt.

Auf Antennen-Feuerfisch, Blaustreifen-Schnapper und Halsband-Falterfische, Federsterngarnele, Zwerghähnchen und Korallen (kleine Bilder oben, von links oben im Uhrzeigersinn) treffen Taucher und Schnorchler in diesem Unterwasserparadies.

Auf einen Blick

Lage: in der Andamanensee vor der Südwestküste Thailands, Provinz Phang-nga
Größe: 140 km²
Gründung: 1982

BAN GIOC DETIAN

An der Grenze zu China liegen die Ban-Gioc-Detian-Wasserfälle im Norden Vietnams und gehören dadurch in eine lange Liste grenzüberschreitender Wasserfälle, von denen sie die viertgrößten der Erde sind (nach Iguazu-, Victoria- und Niagarafällen). Mehrstufig fällt der Fluss Quy Xuân auf einer Breite von 300 Metern 53 Meter in die Tiefe. In der Regenzeit von Mai bis September entsteht dabei ein durchgehender Wasservorhang, in den übrigen Monaten ist das Wasser an mehreren Fallkanten unterteilt. Die Wasserfälle werden umstanden von Reisfeldern und hohen Karstkegeln, was zur landschaftlichen Schönheit der Region beiträgt. In unmittelbarer Nähe erstreckt sich auf chinesischer Landesseite die rund einen Kilometer lange Tongling-Schlucht, die nur durch einen Höhlengange zugänglich ist. Hier wurden erst vor Kurzem einige endemische Pflanzenarten entdeckt.

Viele unterschiedliche Stufen und Fallkanten muss das Wasser überwinden, bis es sich in mehreren Sturzbächen in das Tosbecken am Ende ergießen kann.

Auf einen Blick

Lage: im Norden Vietnams, an der Grenze zu China, Provinz Cao Bang

Rund um die Wasserfälle blüht ein üppig grüner Regenwald, der viele seltene Pflanzen beherbergt.

NIAH
Nationalpark

Vor 45 000 Jahren siedelten hier schon moderne Menschen, das belegen Funde von Schädelknochen eines Homo sapiens aus dem Jungpleistozän, die im Jahr 1958 hier in den Niah-Höhlen entdeckt wurden. Sie sind die frühesten Zeugnisse der Anwesenheit von Homo sapiens auf den Inseln des Malaiischen Archipels. Die gewaltigen Höhlengänge des Nationalparks sind noch längst nicht gänzlich erforscht, bisher wurden auch Werkzeuge und Schmuck sowie 1200 Jahre alte Felszeichnungen entdeckt. In den Höhlen lebt eine große Schar von Salanganen. Diese Vögel bauen ihre Nester aus ihrem Speichel auf, eine essbare Delikatesse, die in China als Bestandteil der Schwalbennestersuppe begehrt ist. Angehörige des lokalen Penang-Volks ernten diese Nester in ihrem jeweiligen Abschnitt der Höhlen ab und verkaufen sie teuer für den Export weiter.

Auf einen Blick

Lage: zentral an der Nordküste Borneos, unweit der namensgleichen Stadt Niah
Größe: 31,4 km^2
Gründung: 1974

Dem Nationalpark wohnt eine gewisse Portion Mystik inne. Nicht zuletzt liegt das an den geheimisvollen Höhlen und der dichten grünen Vegetation, die kaum Sonnenlicht hindurchlässt, wohl aber die Nebelschwaden.

So schön die Höhlen auf Borneo sind, so erschreckend können manche Bewohner sein, wenn man unerwartet auf sie trifft, wie diese große Höhlenschrecke.

ALBAY UNESCO-Biosphärenreservat
MAYON Naturreservat

Am südlichen Zipfel der Insel Luzon liegt ein einmaliges Schutzgebiet: In der Mischung aus Grasland und Urwald haben sich mehr als 180 Pflanzensorten angesiedelt, 46 davon endemisch. Artenreich ist vor allem der Mangrovenwald, er zeigt sich als wahres Paradies für Vögel. Die Luzon-Dolchstichtaube, ein nur in dieser Region lebender Vogel, sorgt bei Naturbeobachtungen immer wieder für Überraschung, sieht sie doch mit ihrem blutroten

Fleck auf der Brust aus, als hätte ihr gerade jemand ins Herz gestochen. Die giftgrünen Philippinischen Grubenottern hingegen, die sich gern die Bäume hinaufschlängeln, rufen bei so manchem eher Furcht als Mitleid hervor. Alte Kulturen indigener Gruppen haben sich an den Hängen des Vulkans Mayon noch gehalten und viele Menschen leben von Handwerkstechniken wie Weben, Töpfern oder Hanfbearbeitung. Allerdings kommt es aufgrund des Klimawandels immer wieder zu Erdrutschen und starken Wasserfällen, die der Region zu schaffen machen.

Auf einen Blick

Lage: Im äußersten Süden von Luzon gelegen. Es umfasst Landflächen um den Mount Mayon und marine Gebiete.
Größe: 2479,19 km²
Anerkennung als UNESCO-Biosphärenreservat: seit 2016

Auf der Bicol-Halbinsel im Südosten von Luzon erhebt sich der etwa 2460 Meter hohe Schichtvulkan Mayon. Er gilt wegen seiner wohlgestalteten Form als einer der schönsten Vulkane der Erde, ist aber auch berüchtigt für seine überraschend einsetzenden Ausbrüche, die oft von pyroklastischen Strömen und Laharen begleitet werden. Der zweithöchste Vulkan der Philippinen gehört zugleich zu den aktivsten Feuerbergen des Inselstaates und ist seit den ersten Aufzeichnungen von 1616 über 45-mal ausgebrochen. Da er in dicht besiedeltem Gebiet steht, birgt jeder seiner Ausbrüche ernste Gefahren für die Städte und Dörfer in seiner Umgebung, wie etwa beim bislang verheerendsten Ausbruch im Jahr 1814 mit mehr als 1200 Todesopfern. Der wunderbar symmetrisch aufgebaute Stratovulkan hat aus der Luft betrachtet eine fast kreisrunde Form und am Fuß einen Umfang von 20 Kilometern.

Ein Musterbeispiel von einem Vulkan: Nahezu perfekt kegelförmig ragt der Mayon in den Himmel, von einer kleinen Rauchwolke bedeckt (unten). Die Kegelform findet man aber auch in den Quitinday Green Hills wieder (links).

Der Mayon zeigt, wie ambivalent die Natur sein kann, denn so gefährlich und bestürzend ein jeder Vulkanausbruch ist, so schön kann auch der Anblick der glühenden Lava sein, die sich in der Dämmerung im Wasser spiegelt. Im oberen Abschnitt verfügt der Feuerberg über 35 bis 40 Grad steile Hänge, die am Gipfel von einem vergleichsweise kleinen Krater abgelöst werden.

Auf einen Blick

Lage: der Vulkan im Zentrum des Natural Park befindet sich im Süden der Insel Luzon in der Bicol-Region
Größe: 58,03 km^2
Gründung: 2000

GUNUNG LEUSER

Nationalpark | UNESCO-Biosphärenreservat | UNESCO-Welterbe

Auf Sumatra ist der Bevölkerungsdruck so gewaltig, dass riesige Flächen Urwald abgebrannt werden, um Platz für Felder und (Palmöl-)Plantagen zu schaffen. Der Nationalpark Gunung Leuser im Norden der Insel bildet mit 9000 Quadratkilometer Fläche eines der größten Schutzgebiete Indonesiens und ist nicht nur ein sicherer Hafen für seltene Affen. Es heißt, der Nationalpark sei das wichtigste indonesische Wildnisgebiet überhaupt. Viel Lebensraum bleibt den Orang-Utangs und anderen Wildtieren wie Tigern und Nashörnern nicht mehr in Indonesien. Nur allein in diesem Refugium gibt es noch nennenswerte Bestände hochgefährdeter Tiere wie das Sumatra-Nashorn oder der Sumatra-Tiger. Sie alle leben in einer Welt mit einem unvorstellbaren Artenreichtum, in dem auf einem einzigen Hektar bis zu 130 verschiedene Baumarten wachsen.

Der Nationalpark ist für sein reiches Tierleben bekannt. Sumatra-Elefanten (links unten) sind hier endemisch und gelten als vom Aussterben bedrohte Art.

Auf einen Blick

Lage: im äußersten Nordwesten von Sumatra
Größe: 9000 km^2
Gründung: 1980
Anerkennung als UNESCO-Biosphärenreservat: 1981
UNESCO-Weltnaturerbe: seit 2004

Hier, im Norden Sumatras, lässt man die gefährdeten Orang-Utans noch in Frieden (oben, großes Bild). Von diesem Schutz profitieren auch die Südlichen Schweinsaffen und die Javaneraffen (oben, kleine Bilder). Links: Die Blüte der roten Rafflesie kann in vollem Blütenstand einen Durchmesser von bis zu einem Meter messen.

BROMO TENGGER SEMERU-ARJUNO
UNESCO-Biosphärenreservat
BROMO TENGGER SEMERU Nationalpark

Einer der bekanntesten Nationalparks des Landes wurde zum Biosphärenreservat erweitert: Von allen Vulkanen Javas wird der 2392 Meter hohe Gunung Bromo dank seiner einmaligen Kulisse am häufigsten besucht. Der Vulkankegel und die umliegende Gebirgslandschaft mit ihren steilen Hängen sind bequem zu erreichen. Daneben erhebt sich der höchste Vulkan Javas, der 3676 Meter hohe Semeru. Der Aufstieg auf den von malerischen Bergseen um-

gebenen Berg ist kein Kinderspiel: 1300 Höhenmeter sind zu überwinden, dabei führt die Hälfte der Wegstrecke über offenes, steiles Lavageröll unterhalb des Kraters. In der abgeschiedenen Bergwelt leben die Tengger. Als sich der Islam auf Java ausbreitete, zog sich die autochthone Bevölkerung in die Berge zurück, wo sie bis heute ihre hinduistischen Traditionen bewahren konnte.

Auf einen Blick

Lage: im Südosten der Insel Java
Größe: 413 374 km^2
Anerkennung als UNESCO-Biosphärenreservat: 2015

Nichts gibt die Nacht von den Wundern preis, die sie in ihren Schleier der Dunkelheit hüllt, nichts gibt den Besuchern eine Ahnung davon, was sie gleich sehen werden, wenn sie im Osten Javas zu den Feuerbergen von Surabaya hinaufsteigen. Man steht in der pechschwarzen Nacht, die sich ganz langsam verabschiedet und fast widerwillig die Umrisse dreier gigantischer Berge preisgibt. Immer schärfer werden sie, immer deutlicher beginnen sie sich aus der Schwärze zu schälen. Und plötzlich stehen sie vor einem, unwirklich und bedrohlich wie Abgesandte der Hölle: der schlafende Vulkan Batok, der aussieht wie das Heim eines Monstermaulwurfs; der hyperaktive Bromo dahinter mit seinem zischenden Krater und seinem stinkenden Schwefelatem; und der majestätische Semeru, aus dessen Schlot eine Rauchsäule aufsteigt, als säßen in seinem Inneren Riesen rund um einen Kamin.

Es ist das spektakulärste Landschaftspanorama, das man in Indonesien erleben kann – und eines der flüchtigsten, denn oft verhüllen sich die Vulkane mit Wolken und geben den Besuchern das Gefühl, nur geträumt zu haben.

Auf einen Blick

Lage: im Südosten der Insel Java
Größe: 502 km²
Gründung: 1982

Schwarze Lava formt weite Dünenfelder am Rand des Bromo, der regelmäßig kleinere Eruptionen hat. Die meisten seiner Eruptionen sind vom sogenannten strombolianischen Typ, wobei Asche und Lapilli (walnussgroße Lavabrocken), Schlacken und Bomben (erstarrte Lavabrocken) in kurzen Zeitabständen und relativ schwachen Schüben ausgeworfen werden.

AUSTRALIEN & OZEANIEN

Das Bild des roten Felsens im Uluru-Kata-Tjuta-Nationalpark beschwört den Geist Australiens – so sehr ist der Ayers Rock zum Symbol dieses Landes geworden. Seine landschaftliche Vielfalt lässt sich an seinen Nationalparks ablesen: die Sanddünen von Simpson Desert, der Dschungel der Wet Tropics von Queensland, die Unterwasserwelt des Great Barrier Reef. Auf Neuseeland treffen rund um Parks wie den Mount Cook (Aoraki) und den Fiordland National Park Meer und Gebirge aufeinander, und in den Weiten des Pazifiks verlieren sich die Atolle und Inseln etwa von Palau oder Französisch-Polynesien.

Der Regenwald im neuseeländischen Fiordland-Nationalpark, der ganz im Südwesten der Südinsel liegt, wird von einer Vielzahl an kleinen Flüssen und Bächen durchzogen, die moosbedeckten Steine darin passen wunderbar in die grüne Welt.

GREAT BARRIER REEF
UNESCO-Welterbe

Gut 2000 Kilometer folgt das Riff, das sich aus rund 2500 Einzelriffen und 500 Koralleninseln zusammensetzt, der nordöstlichen Küstenlinie Australiens. Seine »Baumeister« sind Steinkorallenpolypen, die in Gemeinschaft mit blaugrünen Algen leben. Die bereits schwimmfähigen Polypenlarven schlüpfen im Frühling, nisten sich auf dem Riff nahe der Wasseroberfläche ein, bilden ihr Skelett aus und schließen sich mit Artgenossen zu einer Kolonie zusammen. Nach einiger Zeit sterben sie ab, und ihre Kalkröhren werden zu feinem Sand zermahlen. Die Algen »verbacken« den Sand zu einer weiteren Riffschicht, auf der sich im Jahr darauf neue Jungpolypen ansiedeln können. So sind im Lauf der Jahrtausende die Riffe und Inseln gewachsen. Im Gewässer rund um das Riff leben rund 1500 Fischarten, außerdem sind hier Hunderte und Tausende von Vogel-, Korallen- und Weichtierarten heimisch.

Auf einen Blick

Lage: vor der Ostküste des Bundesstaates Queensland
Größe: 348 700 km^2
UNESCO-Weltnaturerbe: seit 1981

Eine Unterwasserwelt, die auch von oben fasziniert, ist wohl einmalig. Beim Flug über das Great Barrier Reef schillert das Riff in allen Farbschattierungen von Blau.

Unheimlich, aber elegant gleitet er durch das Wasser: Den faszinierenden Riesenmanta sieht man immer in Begleitung von seinem Reinigungstrupp – Putzerfische säubern seine Kiemenreuse, mit der der Teufelsrochen, der bis zu zwei Tonnen Gewicht auf die Waage bringen und eine Spannweite von bis zu sieben Metern erreichen kann, Nahrung aus dem Wasser filtert.

WET TROPICS VON QUEENSLAND
UNESCO-Welterbe

Das knapp 9000 Quadratkilometer große Areal umfasst rund 20 Nationalparks sowie weitere Schutzgebiete. Der tropische Regenwald bedeckt heute nur noch Teile der Gebirgsrücken der Great Dividing Range, der Senken des Great Escarpment und der Küstenregion von Queensland, wo das tropische Klima über Jahrmillionen stabil geblieben ist. Weitgehend ungestört konnte sich hier eine artenreiche Tier- und Pflanzenwelt entwickeln. Die über 800 verschiedenen Baumarten bilden einen in mehreren »Stockwerken« aufgebauten Wald. Unter dem lichtundurchlässigen Kronendach der bis zu 50 Meter hohen Baumriesen wachsen über 350 verschiedene höhere Pflanzen, vor allem Farne, Orchideen, Moose und Flechten. Etwa ein Drittel aller australischen Beuteltier- und Reptilienarten sowie zwei Drittel aller Fledermaus- und Schmetterlingsarten leben in dem vergleichsweise kleinen Gebiet.

Auf einen Blick

Lage: entlang der Küste des Great Barrier Reef im Nordosten Australiens
Größe: 8934,53 km^2
UNESCO-Weltnaturerbe: seit 1988

In den schönsten Regenbogenfarben leuchten die Allfarblori. Diese anpassungsfähigen Papageien bevölkern sowohl Regen- als auch trockene Eukalyptuswälder.

Farblich nimmt es der Königssittich (oben rechts) mit den bunten Loris auf, die übrigen Bewohner des Parks üben sich optisch in Zurückhaltung: Grüner Ringbeutler (Mitte oben), Rotbeinfilander (Mitte unten), Boyds Winkelkopfagame (Mitte rechts), Australische Wasseragame (unten rechts). Links: Millaa Millaa Falls.

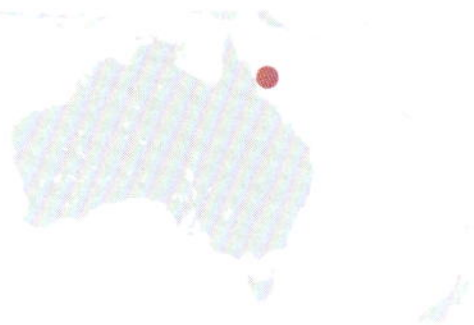

DAINTREE

Nationalpark | UNESCO-Welterbe

Australien liebt Räubergeschichten, die leichtgläubige Menschen in Angst und Schrecken versetzen. Eine davon geht so: Die Krokodile sind schlaue Burschen und halten gezielt Ausschau nach weißen Turnschuhen – weil sie gelernt haben, dass darin immer Touristen stecken, die sich zu nah ans Ufer wagen. Diese Räuberpistole erzählt man sich besonders gern im Daintree-Nationalpark, in dem tatsächlich Schilder vor dem großen Appetit der Krokodile warnen. Das sollte aber niemanden von einem Besuch abhalten, denn der Park ist ein Wunderwerk der Schöpfung: der mit 135 Millionen Jahren älteste tropische Regenwald der Erde, der nur 0,01 Prozent der australischen Landfläche bedeckt, aber 30 Prozent aller Säugetiergattungen des Kontinents beherbergt. Die ältesten blütentragenden Pflanzen der Erde sind hier beheimatet, und manche Tierarten bewohnen nur diesen Teil der Welt.

Auf einen Blick

Lage: rund 100 km nordwestlich von Cairns
Größe: 772 km^2
Gründung: 1967
UNESCO-Weltnaturerbe: seit 1988
www.npsr.qld.gov.au/parks/daintree

Vom Mount Alexandra aus eröffnet sich ein atemberaubend weiter Blick über den Daintree-Nationalpark.

An den Bachläufen gibt es wundersame Bilder zu entdecken, die einem die Einmaligkeit dieser Landschaft vor Augen führen.

KAKADU

Nationalpark | UNESCO-Welterbe

Der etwa 250 Kilometer östlich von Darwin gelegene Nationalpark, dessen heute rund 20 000 Quadratkilometer großes Areal mehrfach erweitert wurde, umfasst fünf unterschiedliche Landschaftszonen. Im Gezeitenbereich der Flüsse haben sich Mangroven mit ihren Stelzwurzeln im Schlamm verankert und schützen das Hinterland vor der zerstörerischen Wirkung des Wellenschlags. Die küstennahen Gebiete verwandeln sich in der Regenzeit in einen bunten Teppich aus Lotusblumen, Seerosen und Schwimmfarnen. Seltene Wasservögel wie Brolgakraniche, Jesusvögel, Weißwangenreiher, Indische Großstörche und Schlangenhalsvögel sind hier ebenso heimisch wie das bis zu sechs Meter lange Leistenkrokodil. Das sich anschließende Hügelland mit seiner abwechslungsreichen Vegetation aus offenen tropischen Wäldern, Savannen und Grasebenen erstreckt sich über den größten Teil des Parks und ist Rückzugsgebiet für bedrohte Tierarten wie Dingos und Wallabys. Im Arnhem Escarpment, einer 500 Kilometer langen Steilklippe, die den Park von Südwesten nach Nordosten durchzieht, sowie auf den Sandsteinplateaus von Arnhem Land leben einige seltenere Känguruarten.
International bekannt wurde der Nationalpark Mitte des 20. Jahrhunderts, als man bei Grabungen mindestens 30 000 Jahre alte Steinwerkzeuge fand. Zahlreiche Felsmalereien geben Aufschluss über Jagdgewohnheiten, Mythen und Brauchtum hier lebender Aborigines-Stämme.

Auf einen Blick

Lage: in der Alligator Rivers Region, 170 km östlich der Stadt Darwin
Größe: 19 804 km^2
Gründung: 1981
UNESCO-Weltnaturerbe: seit 1981
www.parksaustralia.gov.au/kakadu

Vom Nourlangie Rock aus schweift der Blick weiter über die ausgedehnten Wetlands (großes Bild). Bildleiste Mitte: Wasserfälle in der Mary River Region: Die 150 Meter hohen Jim Jim Falls münden in den Jim Jim Plunge Pool; die nicht weniger beeindruckenden Twin Falls befinden sich nicht weit davon entfernt. Bildleiste rechts von oben: Yellow Water Billabong, Nourlangie Rock, Jim Jim Falls, Ubirr Rock.

ULURU-KATA TJUTA
Nationalpark | UNESCO-Biosphärenreservat UNESCO-Welterbe

Inmitten einer ausgedehnten kargen Trockensavanne liegt »das rote Herz Australiens«, der Nationalpark Uluru-Kata Tjuta. Mit dem felsigen Inselberg Uluru (auch Ayers Rock genannt) und den 36 Felskuppen der Kata Tjuta, was so viel wie »viele Köpfe« heißt, weist er die bekanntesten Naturwunder Australiens auf. Ihre Entwicklungsgeschichte, die vor 570 Millionen Jahren begann, ist eng mit der Entstehung des australischen Festlands verbunden. Das äu-

ßerst widerstandsfähige Gestein der Felsen verwitterte im Gegensatz zu den sie umgebenden Gesteinsmassen nur langsam, und so ragen sie heute als gewaltige versteinerte Zeugen des Erdaltertums aus der Ebene empor. Seit mehr als 10000 Jahren leben hier die Anganu, ein Stamm der Aborigines, die ihrem Glauben nach seit Anbeginn der Zeit hier leben und deren Vorfahren schon immer das Land verwalten und bewirtschaften.

Auf einen Blick

Lage: 440 km südlich von Alice Springs
Größe: 1325,5 km²
Gründung: 1987
Anerkennung als UNESCO-Biosphärenreservat: 1977
UNESCO-Weltnaturerbe: seit 1977
www.parksaustralia.gov.au/uluru

Das kompakte Massiv des Ayers Rock wirkt aus der Luft betrachtet besonders beeindruckend (oberes Bild). Ist man nah dran, sieht man, dass Wald den Uluru umschließt (unteres Bild).

Uluru (Ayers Rock)

Das Herzstück des Nationalparks ist der majestätische Ayers Rock, auch Uluru genannt, der aus sandsteinähnlichem Gestein besteht, durch das er je nach Tageszeit in unterschiedlichen Rottönen schimmert. Der Uluru ist aber nicht nur das geografische Zentrum, sondern auch ein mythischer Ort der Aborigines, mit Felsbildern und heiligen Stätten. Er gilt als ein

Treffpunkt der Vorfahren, als diese auf ihren Wanderungen in der Traumzeit das Land und alles Lebendige schufen. Die Felszeichnungen außen am Felsen erzählen die mythologische Geschichte, wie das Land und der Berg entstanden. Der Sage nach erhob er sich in einem wütenden Kampf zwischen zwei Parteien aus der Traumzeit der Aborigines aus der Erde empor und verwandelte damit die Geister der beiden Kämpfenden in Stein. Bis heute ist den Aborigines der Berg heilig, weswegen seit dem Jahr 2019 niemand den Uluru mehr erklimmen darf.

Oben: Ein Riesenwaran genießt sein Sonnenbad auf einem warmen Felsbrocken. Kleines Bild links: Blüte der Wüstenerbse.

LAKE EYRE
Nationalpark

Der Eyre-See ist der größte Salzsee Australiens, mit 15 Meter unter Normalnull der tiefste Punkt Australiens und Mittelpunkt des Lake-Eyre-Beckens. Während der Regenzeit bringen die Flüsse Wasser aus dem Outback. Die Regenmenge des Monsuns bestimmt, wie viel Wasser den See erreicht und wie tief er wird. Alle drei Jahre etwa kommt es zu einem Wasserpegel von 1,50 Metern. Seit seiner Entdeckung 1841 war der See erst dreimal ganz mit

Wasser gefüllt. Doch auch nach diesem seltenen Ereignis trocknete der nördliche See im kontinentalen, trocken-heißen Klima Südaustraliens wieder aus. Beim Verdunsten bleiben Ablagerungen salzreichen Tons zurück, die sich im Laufe der Zeit zu einer dicken Schicht addieren. Edward John Eyre durchquerte als erster Weißer von der Fowlers-Bucht aus zu Fuß die Nullarborebene bis zum heutigen Albany – in drei Jahren!

In den zarten Farben des Sonnenaufgangs entfaltet das Gebiet seinen ganzen Zauber.

Auf einen Blick

Lage: östliches Ufer des Lake Eyre, etwa 750 km nördlich von Adelaide
Größe: 13 592,51 km²
Gründung: 1985
www.environment.sa.gov.au/parks/find-a-park/Browse_by_region/flinders-ranges-outback/kati-thanda-lake-eyre-national-park

Eine Oase inmitten des unwirtlichen Outback Australiens: Sobald die Wassermassen des Monsuns den Lake Eyre füllen, wirkt das Wunder der Natur unmittelbar.

GRAMPIANS
Nationalpark

Gen Osten fallen die parallelen Gebirgswände aus rotem Sandstein steil in die Ebene, gen Westen neigen sich die Grampians sanft zu den Weiden und Feldern hinab. Wind und Wasser haben bizarre Felsskulpturen geschaffen; als breites Band donnern die MacKenzie Falls zu Tal. Die grandiose Berglandschaft, die ihren Namen von ihrem schottischen Pendant erhielt, gleicht einem riesigen botanischen Garten. Viele der ungewöhnlichen Pflanzen und Tiere Australiens sind hier heimisch. In den Baumwipfeln der Eukalypten schlummern Koalas; in der Dämmerung grasen Herden von Kängurus. »Gariwerd« nannten die Koori-Aborigines ihre Heimat und schmückten Höhlen und Überhänge mit Malereien. Mehr als 4000 Felszeichnungen wurden bislang entdeckt. Ein Netz von Wanderwegen durchzieht das Gebirge, über 50 Routen mit verschiedenen Schwierigkeitsgraden.

Auf einen Blick

Lage: innerer Landesteil von Victoria, 250 km westlich von Melbourne und 100 km nördlich der australischen Südküste
Größe: 1672,19 km^2
Gründung: 1984
parkweb.vic.gov.au/explore/parks/grampians-national-park

Der »Pinnacle Walk« ist einer der Höhepunkte der Grampians-Region. Seine Besucher werden mit einem atemberaubenden Blick auf »Halls Gap« und die anderen Gipfel des Gebirgszugs belohnt.

Die MacKenzie-Wasserfälle bieten ein eindrucksvolles Naturschauspiel: Wasser fällt in Kaskaden über die Klippen in ein tiefes Becken, und der dabei entstehende Sprühregen lässt einen Regenbogen über der Schlucht aufsteigen.

CRADLE MOUNTAIN-LAKE ST. CLAIRE
Nationalpark | UNESCO-Welterbe

Ein wertvoller Ort dieser Erde, der für alle Generationen geschützt werden muss, die noch kommen werden: der Nationalpark Cradle Mountain-Lake St. Claire.

Der mit 1617 Metern höchste Berg Tasmaniens, Mount Ossa, besteht wie der wegen seiner Form so genannte Cradle Mountain (»Wiegenberg«) aus Dolerit, einem extrem harten magmatischen Gestein, das sich vor etwa 165 Millionen Jahren zwischen viel älteres Sedimentgestein zwängte und dort erkaltete. Die schroffen Berggipfel, Moränenseen und Trogtäler des Cradle Mountain-Lake St. Clair National Park wurden aber erst während der letzten Eiszeit von Gletschern gebildet. Heute gehört er zum Weltnaturerbe. Es gibt ausgeschilderte Wanderwege; am berühmtesten ist der fünf- bis achttägige Overland Trail mit Übernachtungsmöglichkeiten in Hütten. Der Lake St. Clair, in dem Regenbogenforellen leben, ist mit mehr als 200 Metern der tiefste natürliche Süßwassersee Tasmaniens. Die hier lebenden Aborigines nennen ihn Leeawuleena, »schlafendes Wasser«.

Oben: Beuteltiere wie das Filander suchen im schützenden Unterholz nach Gräsern, Blättern und Knospen.

Auf einen Blick

Lage: Zentrum der Insel Tasmanien
Größe: 1612 km^2
Gründung: 1922
UNESCO-Weltnatur- und -kulturerbe: seit 1982
www.parks.tas.gov.au/indeX.aspX?base=3297

FRANKLIN-GORDON WILD RIVERS
Nationalpark | UNESCO-Welterbe

Mit ihren kühl-gemäßigten Regenwäldern gehören die Nationalparks im westlichen Tasmanien zu den letzten weitgehend unberührten Ökosystemen der Welt. Deshalb erklärte die UNESCO das Areal zum Erbe der Welt: Im Herzen der »Tasmanian Wilderness« liegt der im Jahr 1908 gegründete Franklin-Gordon Wild Rivers National Park. Benannt wurde dieser nach den beiden das Nationalparkgelände durchziehenden Hauptflüssen, Franklin und Gordon River. Ersterer erlangte in den letzten Jahren Berühmtheit durch heftig umkämpfte Pläne der Regierung, den Fluss für ein umstrittenes Wasserkraftwerk zu nutzen. Auch in diesem Nationalpark findet man Spuren der frühen Besiedlung durch die Aborigines. Überreste von Kanus belegen die erste menschliche Besiedlung der Insel vor über 30 000 Jahren. Erste Europäer erkundeten erst ab den 1820er-Jahren das Gebiet.

Auf einen Blick

Lage: Südwesten der Insel Tasmanien
Größe: 4463,42 km^2
Gründung: 1908
UNESCO-Weltnatur- und -kulturerbe: seit 1982
www.parks.tas.gov.au/indeX.aspX?base=3937

Der Blick von der Western Arthur Range schweift über die Ebenen des Franklin-Gordon River National Park bis hin zum Lake Edgar ganz in der Ferne.

Ganz links: Blick über die Sentinel Range im Gordon River Valley; links: Sonnenaufgang über dem Lake Tahune.

SOUTHWEST

Nationalpark | UNESCO-Welterbe

SOUTHWEST
Nationalpark | UNESCO-Welterbe

Kahle Quarzit- und Schieferberge sowie dicht bewaldete, von Grasebenen durchsetzte Täler und einsam-grandiose Küstenszenerien bestimmen das Landschaftsbild des im Jahr 1955 (als Lake Peddar National Park) eingerichteten, heute mit 6052 Quadratkilometer Fläche größten Nationalparks Tasmaniens. Das den gesamten Südwesten der Insel einnehmende Areal markiert zugleich den südlichen Bereich der UNESCO-Welterbestätte »Tasmanian Wilderness«. Immer wieder kehren hier Wanderer aus der Wildnis zurück, die berichten, sie hätten einen tasmanischen Tiger gesehen. Bestätigen ließen sich solche rätselhaften Begegnungen bislang nie, weshalb die Australier in diesem Zusammenhang auch vom »Tassie Nessie« sprechen. Anders als das Ungeheuer von Loch Ness hat es seine tasmanische Variante immerhin ganz sicher wirklich einmal gegeben.

Auf einen Blick

Lage: Südwesten der Insel Tasmanien
Größe: 6052 km^2
Gründung: 1955
UNESCO-Weltnatur- und -kulturerbe: seit 1982
www.parks.tas.gov.au/index.aspx?base=3801

In seiner Abgeschiedenheit fasziniert der Nationalpark mit urtümlicher Wildheit. Der von fantastischen Bergzacken eingerahmte Lake Oberon ist berühmt für seine Fischgründe und das klare Wasser (großes Bild unten).

Links: menschenleerer Strand vor dramatischem Himmel am Granite Beach im Southwest-Nationalpark.

Wasser, so weit das Auge reicht: Die früheren Sandstrände um den einstigen Gletschersee sind heute überschwemmt.

ARTHUR'S PASS
Nationalpark

Im Landesinneren der Südinsel erstreckt sich der Arthur's Pass National Park über rund 1145 Quadratkilometer. Im nass-milden Klima des Westens wächst Regenwald, der trockene und kalte Osten lässt oft nur kärgliche Vegetation zu. Im Winter zieht es Skifahrer zu den Pisten von Porter Heights, Craigieburn, Broken River. Ein Informationszentrum im Arthur's Pass Village bietet umfangreiche Informationen zu Wandermöglichkeiten im 16 Gipfel über 2000 Meter einschließenden Park. Diese sind fast ausschließlich nur für geübte Bergwanderer geeignet. Am Rand des Nationalparks liegt die exklusive Grasmere Lodge. Das luxuriös umgebaute Herrenhaus einer Merinofarm bietet neun Gästen einen beheizten Swimmingpool im Freien, Rasentennis, Croquet. Wer mag, kann auch Kajak fahren oder jagen und wird am Ende des Tages mit einem fünfgängigen Dinner belohnt.

Auf einen Blick

Lage: an der Grenze zwischen den Regionen West Coast und Canterbury, im zentral-nördlichen Teil der Neuseeländischen Alpen auf der Südinsel
Größe: 1184,7 km²
Gründung: 1929
www.doc.govt.nz

Auf der historischen Route von Christchurch an die Westküste quert der Highway 73 die Southern Alps beim Arthur's Pass, der sich hier hinter einem Feld von wilden Lupinen erhebt.

Ganz links: Stolze 1833 Meter streckt sich der Avalanche Peak dem Himmel entgegen. Links: Das Temple Basin ist im Winter ein beliebtes Skigebiet im Park.

MOUNT COOK
Nationalpark | UNESCO-Welterbe

Der Mount Cook National Park umfasst auf engem Raum 140 Berge über 2000 Meter Höhe und fünf der größten Gletscher Neuseelands. Eine Schotterstraße zweigt am Weg zum Mount Cook Village am Lake Pukaki zum Tasman-Gletscher, dem mächtigsten Eisfeld, ab. Wer die erstaunlichen Eishöhlen besuchen will, sollte dafür idealerweise vor Ort eine Tour buchen, denn ohne Guide ist die Wanderung beschwerlich. Wesentlich leichter sind die zehn Kurzwanderungen, die, gut ausgeschildert, ab dem Mount Cook Village starten. Hier steht auch ein luxuriöses Hotel, von dessen Terrasse aus man einen herrlichen Blick auf die Bergwelt hat. Zu den tierischen Besonderheiten dieses Nationalparks zählen neben dem frechen Bergpapagei Kea auch seltene Falken- und Eulenarten. Der Star unter den Pflanzen ist die Mount-Cook-Lilie (Ranunculus Lyalli).

Auf einen Blick

Lage: zentral in den Neuseeländischen Alpen auf der Südinsel, grenzt direkt an den Westland-Nationalpark an
Größe: 721,6 km^2
Gründung: 1953
www.doc.govt.nz

Als ob man die Spitze des Mount Cook in flüssiges Gold getaucht hätte, so leuchtet sie im Sonnenuntergang auf. Und wie um sich selbst zu bewundern, spiegelt sich der Berg im klaren Wasser.

Schneebedeckte Felsen (ganz links) findet man im Mount Cook National Park nahezu überall. Malerisch säumen sie die von kleinen Wasserläufen durchzogenen Täler (links).

FIORDLAND
Nationalpark | UNESCO-Welterbe

Der mit rund 12 520 Quadratkilometern größte Nationalpark Neuseelands ist wohl auch der schönste des Landes: Schneebedeckte Berge geben den Hintergrund ab, davor stehen ausgedehnte Buchenwälder mit jahrhundertealten, bemoosten Baumriesen. Kristallklare Flüsse und stille Seen füllen oft breite Täler, die von sich zurückziehenden Gletschern geformt wurden. Hier findet man rund 700 endemische Pflanzen und eine seltene Tierwelt. An der Westküste reihen sich majestätische Fjorde. Nur einer von ihnen, der Milford Sound, ist durch eine Straße erschlossen. Die Gegend gehört zu den beliebtesten Trekkinggebieten der Welt. Getrübt wird das Vergnügen nur durch die lästigen schwarzen »sandflies«, die nach einer Maorilegende von der Göttin des Todes geschaffen wurden, um den Wanderern die vollkommene Schönheit der Landschaft zu verleiden.

Auf einen Blick

Lage: bedeckt die komplette südwestliche Ecke der Südinsel, angrenzend an den Mount-Aspiring-Nationalpark
Größe: 12 607 km^2
Gründung: 1952
UNESCO-Weltnaturerbe: seit 1990
www.doc.govt.nz

Das letzte Quäntchen Licht schimmert noch durch die Berge, gleichzeitig ummantelt schon die Nacht gemeinsam mit Wolken und Nebel den Milford Sound und seine umliegenden Gipfel.

Das schönste Ende der Welt? Mit seinen steil abfallenden, bewaldeten Felswänden zählt der in die Tasmansee mündende Milford Sound zu den größten Attraktionen der Südinsel. Die Straße zum Milford Sound ist eine der schönsten Bergstrecken der Welt. Von Te Anau führt sie erst einen See entlang und dann durch weitgehend unberührte Landschaften mit herrlichen Aussichtspunkten.

CAMPBELL ISLAND
UNESCO-Welterbe

Campbell Island gehört zur Inselgruppe der Campbell Islands und liegt etwa 700 Kilometer südlich des neuseeländischen Festlands. Die Insel, der Überrest eines Vulkankegels, ist stark zerklüftet. Im Landesinneren erheben sich Berge, deren höchster der Mount Honey (558 Meter) ist. Im Osten der Insel winden sich Fjorde ins Land hinein, der Westen wird von Klippen und Steilküsten dominiert. Im Laufe ihrer kolonialen Geschichte wurde die Natur der Insel stark ausgebeutet: In den Gewässern um Campbell Island wurden Robben und Wale gejagt, 1895 errichtete ein Pionier eine Farm auf der Insel. Bis zu 8000 Schafe lebten hier und vernichteten zahlreiche Pflanzen. In den letzten Jahrzehnten wurden in einem Kraftakt alle Schafe, Ziegen und Schweine von der Insel gebracht und einer Rattenpopulation wurde mit Gift der Garaus gemacht, sodass sich die Natur wieder erholen kann.

Auf einen Blick

Lage: rund 590 km südöstlich von Stewart Island
Größe: 112,86 km^2
UNESCO-Weltnaturerbe: seit 1998

Dieser junge Südliche See-Elefant scheint sich über das Leben zu freuen. Kein Wunder bei der ihn umgebenden Natur, die nach Jahren der Besiedlung langsam in ihren Ursprungszustand zurückkehrt.

Obwohl die Natur von Campbell Island keine einfache Vergangenheit durchlebt hat und sich oft gegen eingeschleppte Arten wehren musste, zeigt die Insel eine große Vielfalt an Flora und Fauna. Bilder links: Felsenpinguine und See-Elefantenbulle. Oben: Maori nennen die Gelbaugenpinguine »Hoiho« (»Schreihals«). Diese äußerst seltenen Tiere mögen es nämlich, aus voller Kehle trompetend auf sich aufmerksam zu machen.

SÜDLICHE LAGUNE DER CHELBACHEB-INSELN
UNESCO-Welterbe

Von oben sehen die Chelbacheb-Inseln (oder Rock Islands) aus wie moosbedeckte Steine im türkisblauen Wasser. Hier kommen so illustre Meeresbewohner wie Perlboote (ganz unten) oder Demoiselle (ganz rechts) vor.

Ein langer dunkler Schatten zeichnet sich im türkisfarbenen Wasser ab, so groß wie ein Walhai oder ein Orca. Doch er rührt sich nicht. Und beim zweiten Blick offenbart sich, dass er eine zweite Haut aus Korallen trägt. Die erste Haut ist aus verrostetem Eisen, denn der Schatten ist nichts anderes als das Wrack eines japanischen Kriegsflugzeugs. Solche Funde macht man auf den Palau-Inseln im Südpazifik andauernd. Denn was aus der Ferne wie ein Abbild des Paradieses aussehen mag, hat eine

turbulente Geschichte hinter sich. Während des Zweiten Weltkriegs tobte hier ein erbitterter Kampf zwischen Japanern und Amerikanern, der nicht nur Wracks von Flugzeugen hinterlassen hat, sondern an Land auch überwucherte Panzer und Jeeps und Bunker. Abgesehen davon sind diese rund 300 unbewohnten Inselchen bei Tauchern beliebt, denn die Unterwasserwelt konnte sich – fern von jeglischer menschlicher Zivilisation – hier besonders prächtig entfalten.

Auf einen Blick

Lage: Palau; südlich von Babeldaob zwischen Koror und Peleliu im Pazifischen Ozean
Größe: 1000 km^2
UNESCO-Weltnaturerbe: seit 2012

MAROVO-LAGUNE

Nach Norden hin wird die Marovo-Lagune von der Insel New Georgia begrenzt. In südlicher Richtung finden sich Gatukai und Vangunu, das ebenfalls die östliche Begrenzung der größten Salzwasserlagune der Welt markiert. Durchsetzt ist diese Perle der Natur von zahllosen kleinen Inselchen. Vor allem unter Wasser wimmelt es hier vor Leben. Sanft wiegen sich die Polypen der Steinkorallen in den Wellen des Pazifiks. Zwischen den Ästen ihrer Kalkskelette huschen Papagei- und Clownfische umher. Krustentiere, Schwämme und Seegurken sind hier zu Hause. Aber natürlich sind auch die Räuber vertreten, und so trifft man hier auf flinke Riffhaie und majestätisch dahingleitende Rochen. Weitaus weniger idyllisch ging es bis vor nicht allzu langer Zeit noch an Land zu. Denn wegen der dort lebenden Kopfjäger war die Marovo-Lagune seit Generationen äußerst berüchtigt und gefürchtet.

Auf einen Blick

Lage: größte Salzwasserlagune der Erde auf den Salomonen; östlich von Papua-Neuguinea, nordöstlich von Australien und nördlich der Insel Vangunu im Pazifischen Ozean
Größe: 700 km^2

Großes Bild: ein Kalmar, der eine Riesenmuschel frisst. Rechts: Schirmqualle, Leopard-Forellenbarsch, Scheibenanemone, Rotpunkt-Blenny, Riesenmuschel, Blasenanemone, Einsiedlerkrebs, Pedersons-Partnergarnele.

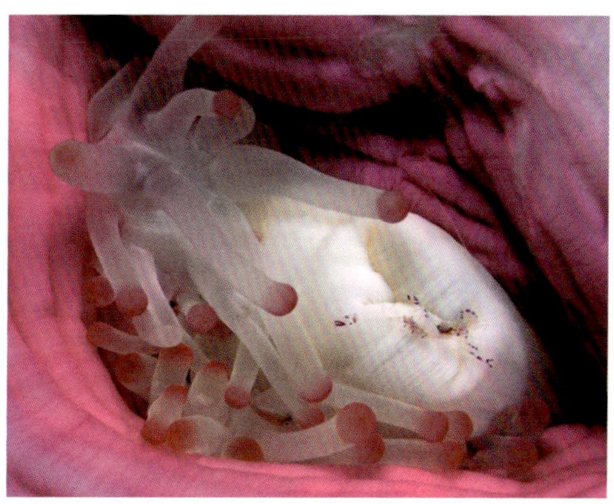

RANGIROA

Die Tuamotu-Gruppe, das sind mehr als 70 Atolle, angeordnet in einer doppelten, etwa 1500 Kilometer langen Kette und verstreut über eine Meeresfläche, die in etwa so groß ist wie Mitteleuropa. »Weiter Himmel«, so lässt sich der Name von Rangiroa, dem größten Atoll im Tuamotu-Archipel, frei übersetzen. Und diesem Namen macht die von gut 240 Motus umschlossene, mehr als 1500 Quadratkilometer große Lagune alle Ehre. Wie die meisten Atolle des Archipels ragt auch Rangiroa nur wenige Meter über den Meeresspiegel hinaus. Dafür bietet die Lagune aber erstklassige Möglichkeiten, um mit der Unterwasserwelt der Südsee auf Tuchfühlung zu gehen. Dabei muss man nicht einmal zur Taucherausrüstung greifen, um ein Erlebnis der besonderen Art zu haben. So tummeln sich etwa schon im flachen Uferbereich nahe den traumhaften Sandstränden harmlose Riffhaie.

Auf einen Blick

Lage: das zweitgrößte Atoll der Welt liegt im südlichen Pazifischen Ozean nordöstlich von Tahiti; Teil des Tuamotu-Archipels in Französisch-Polynesien
Größe: 79 km^2 (Festland), 1600 km^2 (Lagune)

So stellt man sich ein Südseeparadies vor: weißer Sand, türkisfarbenes Meer, blauer Himmel und grüne Palmen. Die Inselchen des Tuamotu-Archipels kommen dieser Idealvorstellung sehr nahe.

In den Lagunen herrscht munteres Treiben. Während Haie meist als Einzelgänger gelten, leben die kleinen Fische in schützenden großen Schwärmen. Ganz links: ein Schwarm gestreifter Wimpelfische, deren Name von der langen Kopfflosse rührt, die wie ein Fähnchen aussieht.

AFRIKA

Afrika ist nicht nur die Wiege der Menschheit, sondern auch ein Kontinent unterschiedlichster Landschaften – mit grandiosen Wüsten, Savannen, Regen- und Bergwäldern, Hochländern, Gebirgen, Grabenbrüchen, Fluss- und Seenlandschaften. In über 350 Nationalparks und Reservaten zwischen Sahara und äthiopischem Hochland, zwischen der Namib und den Drakensbergen lassen sich die heimische Fauna und Flora erkunden. Hier wurde die Safari zum Inbegriff einer Reise in die Wildnis – und im berühmten Krüger-Nationalpark begegnet man sogar den »Big Five«: Elefant, Nashorn, Büffel, Löwe und Leopard.

Man muss nur Fakten sprechen lassen, um die Imposanz des Afrikanischen Elefanten zu begreifen: Bis zu fünf Tonnen schwer wird er und fast vier Meter hoch. Dazu drei Meter lange und zwei Zentner schwere Stoßzähne.

TANSANIA

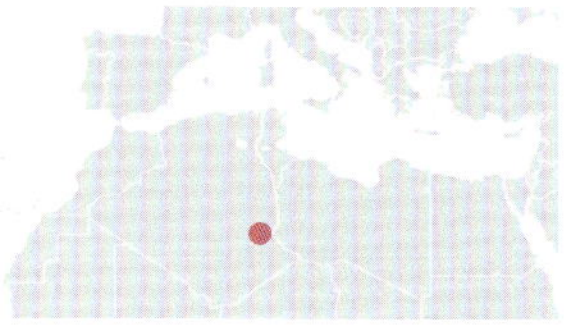

TASSILI N'AJJER

Nationalpark | UNESCO-Biosphärenreservat
UNESCO-Welterbe

Die Völker, die vor Jahrtausenden in der Tassili-Wüste im Südosten Algeriens lebten, haben der Nachwelt unzählige Spuren in Form von Keramikresten, vor allem aber von Wand- und Höhlenmalereien mit Alltagsdarstellungen und Tierzeichnungen hinterlassen. Vor rund 10 000 Jahren gab es in der Region noch Wildtiere zum Jagen, Früchte zum Sammeln und ausreichend Wasser zum Kultivieren von Feldern. Allmählich fiel jedoch die Trockenheit über die Wüste herein und vertrieb die Menschen. Andere Arten schafften es, diesem Wandel zu trotzen: So sind im Gebiet nicht nur 28 landestypische Pflanzenarten, sondern auch Säugetiere wie die Dorkasgazelle oder der Mähnenspringer beheimatet. Tassili n´Ajjer ist aus diesem Grund zugleich Weltkultur- als auch Weltnaturerbe und die Höhlen mit den Felsmalereien sind von einem großen Nationalpark umgeben.

Das riesige Felsplateau von Tassili n'Ajjer erinnert mit seinen grotesken Sandsteinformationen, den ausgetrockneten Flussbetten und den tiefen Schluchten an eine Mondlandschaft.

Die Tassili-n'Ajjer-Region ist geprägt von riesigen Felsbögen, unzähligen Sanddünen sowie steil aufragenden Türmen aus erodiertem Sandstein.

Auf einen Blick

Lage: Djanet, Illizi, im Südosten Algeriens
Größe: 80 000 km^2
Gründung: 1972
Anerkennung als UNESCO-Biosphärenreservat: 1986
UNESCO-Weltnatur- und kulturerbe: seit 1982

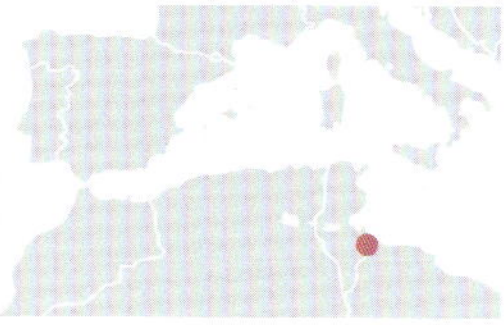

SIDI TOUI
Nationalpark

Nur 20 Kilometer von der Grenze zu Libyen entfernt liegt das Schutzgebiet des Sidi-Toui-Nationalparks. Er ist gänzlich vom Sand der Sahara umgeben und geprägt von Steppen- und Dünengebieten. Die seltene Flora und Fauna im Park muss mit hohen Temperaturschwankungen zurechtkommen: Die Bandbreite reicht hier von etwa fünf Grad bis weit über 40 Grad Celsius. An der einzigen Wasserstelle im Schutzgebiet sammeln sich vor allem Vögel, darunter neben einigen Zugvögeln auch residente Arten wie Kragentrappe, Felsenhuhn und Rennvogel. Darüber hinaus gibt es eine Vielzahl von geschützten Säugetieren im Park, beispielsweise Oryxantilopen, Goldschakale und Fenneks. Weitere tierische Bewohner des Sidi-Toui-Nationalparks sind Reptilienarten wie Dornschwanzagamen, Chamäleons und Nattern sowie Wüstenwarane und Mauergeckos.

Auf einen Blick

Lage: Ben Gardane, im Südosten Tunesiens
Größe: 63 km^2
Gründung: 1991

In der Wildnis ausgestorben, doch in Gefangenschaft ein häufiger Gast: Während die Säbelantilope in freier Wildbahn quasi nicht mehr vorkommt, gehört sie zu den am häufigsten in Zoo gehaltenen Antilopenarten.

Links: Der Fennek – auch Wüstenfuchs genannt – ist der kleinste aller Wildhunde. Seine Ohren sind dagegen auffällig groß und dienen der Wärmeregulation. Bildleiste linke Seite: Kragentrappe, Rennvogel, Felsenhuhn; Bildleiste oben: Mauergecko und Wüstenkarawane.

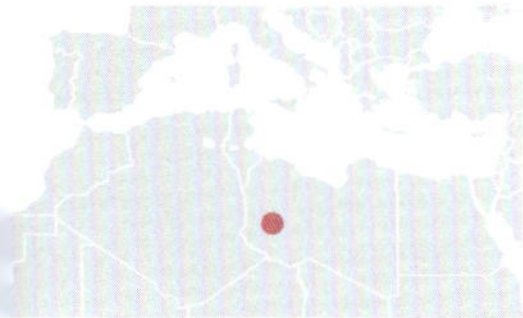

ERG UBARI UND UMM-AL-MAA

Inmitten des immensen Sandmeeres des Erg Ubari im Südwesten Libyens erinnert eine Kette von Seen daran, dass die Region wahrscheinlich vor etwa 100 000 Jahren keineswegs wüstenartig war, sondern eine fruchtbare, mit Feuchtigkeit gesegnete Region. Die Relikte des einstigen Wasserreichtums bieten heute ein geradezu magisches Bild – die Wasserfläche des Umm al-Maa erscheint zwischen den rotgoldenen Dünen wie eine Fata Morgana. Die »Mutter des Wassers«, wie dieser See heißt, ist mehrere Hundert Meter lang, etwa 50 Meter breit und bis knapp zehn Meter tief. Rätselhaft erscheint, warum er nicht verlandet, rieselt doch beständig Sand von den einrahmenden Dünen ins Wasser, das einen hohen Salzgehalt aufweist. Um den Umm al-Maa und die anderen Mandara-Seen bieten Schilfgürtel und Palmen verschiedenen Tieren einen Lebensraum.

Auf einen Blick

Lage: Ubari, Wadi al-Haya, im Südwesten Libyens
Größe: 58 000 km^2

Wer glaubt, Wüsten seien die reine Monotonie, kennt den grandiosen Erg Ubari im Südwesten Libyens nicht. In diesem Meer aus Sand trifft man nicht nur auf den einen oder anderen tierischen Bewohner, sondern sogar auf Seen.

Links: Ein realer Garten Eden: Wenn der dunkelblaue Umm-al-Maa mitsamt grünen Palmen aus der vermeintlichen Ödnis der Wüste auftaucht, traut man zunächst seinen Augen nicht. An seinen Ufern leben u. a. Steinlerche, Rennratte und verschiedene Agamenarten (Bildleiste von oben).

RAS MOHAMMED
Nationalpark

Rund 480 Quadratkilometer Land- und Meeresfläche schützt der Ras-Mohammed-Nationalpark an der Südspitze der Halbinsel Sinai, dieses rund 60 000 Quadratkilometer großen Scharniers zwischen Asien und Afrika. Zum Park gehört auch der Küstenstreifen von Sharm el-Sheikh: Vor einer Generation noch ein unbedeutendes Fischerdorf, hat sich dieser unweit der Südspitze des Sinai gelegene Ort zu einem begehrten Treffpunkt für Bade- und Tauchurlauber gemausert. Und die Unterwasserwelt berauscht die Sinne – wovon bereits eine Schnorchelrunde in Ufernähe einen guten Eindruck gibt. An Land zeigt sich der Nationalpark dagegen spärlich und karg, nur wenige Pflanzen haben in den Sand- und Gerölldünen eine Überlebenschance, ausgerechnet die wasserliebende Mangrove hat hier tiefe Wurzeln gegraben. Hunderte Vogelarten bevölkern den Park.

Taucher und Schnorchler bekommen glänzende Augen, wenn man vom Roten Meer spricht – und jeder, der hier einmal von farbenfrohen Einfleckschnappern umschwärmt wurde, kann sie nur zu gut verstehen.

Bei all der Farbenpracht ist dennoch Vorsicht geboten. Denn allzu intensive Begegnungen mit giftigen Tieren wie dem Zwergfeuerfisch und dem Rotfeuerfisch können schnell schmerzhaft enden.

Auf einen Blick

Lage: an der Südspitze der ägyptischen Halbinsel Sinai
Größe: 480 km^2
Gründung: 1983

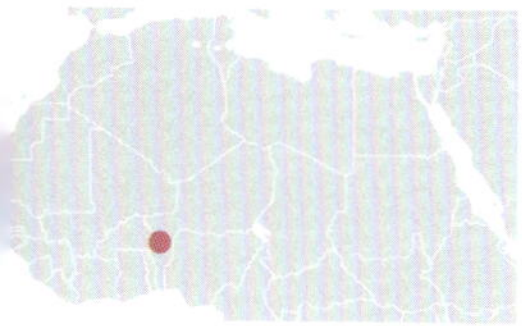

W–ARLY–PENDJARI

Komplex von Nationalparks und UNESCO-Biosphärenreservaten UNESCO-Welterbe

»W–Arly–Pendjari« bezeichnet einen einzigartigen grenzüberschreitenden Komplex mehrerer Schutzgebiete, die sich über die Staaten Benin, Burkina Faso und Niger erstrecken. Aufgrund seiner unterschiedlichen Vegetationszonen, die sowohl Gras- und Buschlandschaften als auch bewaldete Savannen und Galeriewälder umfassen, bietet er den unterschiedlichsten Tieren eine Heimat. Dazu gehören auch solche, die andernorts in Westafrika hochgefährdet oder längst von der Bildfläche verschwunden sind. So findet man hier nicht nur

die größte Population von Westafrikanischen Elefanten vor, sondern auch etwa 90 Prozent aller noch existierenden Westafrikanischen Löwen. Weitere Großsäugetiere wie Geparden, Leoparden, Flusspferde und Rundschwanzseekühe nennen den W–Arly–Pendjari-Nationalparkkomplex ihr Zuhause.

Der Fluss Niger zählt zu den wichtigsten Lebensquellen. Er durchläuft das gesamte Gebiet des W–Arly–Pendjari-Komplexes.

Auf einen Blick

Lage: im Süden Westafrikas, genauer im Norden Benins, Südosten Burkina Fasos und Südwesten Nigers
Größe: 31 000 km^2
Gründung: 1954
UNESCO-Weltnaturerbe: seit 2017

Vor allem im Arly-Nationalpark leben einige Affenarten, darunter Schimpansen, Husarenaffen und Paviane. Genauso wie dieser gefährdete Westafrikanische Elefant fühlen sie sich in der bewaldeten Savanne wohl.

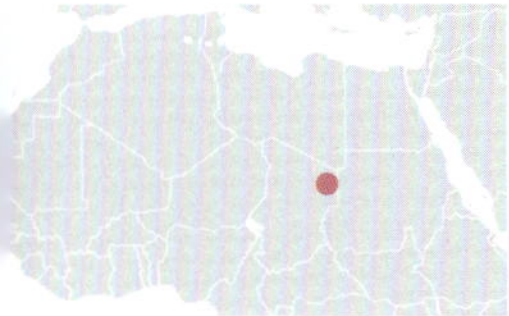

ENNEDI-MASSIV
UNESCO-Welterbe

Auf keine andere Region der Sahara trifft der Begriff der verlorenen Welt so sehr zu wie auf Ennedi-Tibesti, auf dieses »Land des Hungers«, wie die Nomaden es ehrfurchtsvoll schaudernd sagen. Das Sandsteinplateau von Ennedi ist so weit weg vom Rest der Erde, dass hier die seltsamsten Tiere hausen – Krokodile zum Beispiel, die wegen ihrer jahrtausendelangen Isoliertheit zwergwüchsig geworden sind. Es sind nicht mehr als eine Handvoll Exemplare, die letzten Überlebenden ihrer Art, die wie Irrläufer der Evolution an der Wasserstelle ausharren. Denn als die große Wüste noch teils fruchtbares Land und von Flüssen und Sümpfen durchzogen war, gab es dort überall Panzerechsen. Auch die letzten Löwen der Sahara leben in Ennedi. Sie werden bald genauso ausgestorben sein wie der Säbelzahntiger, der hier vor 12 000 Jahren mit seinen langen Eckzähnen seine Beute riss.

Keine Wasserstelle der Sahara ist so bekannt wie das Guelta d'Archei im Nordosten des Tschad. Denn hier stillen nicht nur die üblichen Wüstenbewohner ihren Durst, sondern auch Krokodile.

Auf einen Blick

Lage: im Nordosten des Tschad, in den Regionen Ennedi-Ouest und Ennedi-Est
Größe: 40 000 km^2
UNESCO-Weltkultur- und -naturerbe: seit 2016

Das Guelta d'Archei ist nur schwer zu erreichen. Von der Hauptstadt N'Djamena kommend sollte man mindestens vier Tage Reisezeit einplanen.

BOMA
Nationalpark

Savannen und Überflutungsgebiete prägen den knapp 23 000 Quadratkilometer großen Boma-Nationalpark im östlichen Südsudan, ein bedeutendes Schutzgebiet für seltene und endemische Wildarten. Sein Symboltier ist der Weißohr-Kob, ein Wasserbock, der sich von Gras und Wasserpflanzen ernährt. Weitere seltene Antilopenarten sind der Tiang und die Mongalla-Gazelle. Außerdem kommen Büffel, Elefanten, Giraffen, Weißnackenmoorantilopen und Zebras vor. Die Raubtierpopulation umfasst neben Löwen und Leoparden auch die im Sudan sonst nahezu ausgerotteten Geparde. Zweimal im Jahr wandern, ähnlich wie in der Serengeti, riesige Wildherden aus dem Sudd in den Boma-Nationalpark und verlassen diesen dann wieder in Richtung der Sümpfe. Im Bürgerkrieg war der Park Kampfgebiet und diente den Menschen als Wildfleischlieferant.

Auf einen Blick

Lage: im östlichen Südsudan, nahe der Grenze zu Äthiopien
Größe: 22 800 km^2
Gründung: 1979

Während des sudanesischen Bürgerkriegs flohen viele Tiere in den angrenzenden Gambela-Nationalpark; erst langsam kehren sie wieder zurück. Zu den Tieren im Park gehören auch die scheuen Weißnackenmoorantilopen.

Links: Eine große Büffelherde im Boma-Nationalpark. Auch für ihren Schutz wurde der Park im Jahr 1979 eingerichtet.

TSCHADBECKEN
Nationalpark

Von ariden über semiaride bis zu humiden Zonen, also von sehr trockenen bis sehr feuchten Regionen, reicht die Bandbreite des Nationalparks Tschadbecken. Auf einer Fläche von 2258 Quadratmetern vereint er die Gebiete Chingurmi-Duguma und Bulatura sowie das Feuchtgebiet Bade-Nguru. Die größte Fläche von diesen dreien nimmt mit 1228 Quadratkilometern Chingurmi-Duguma ein, ein Waldkomplex mit dichtem Bestand an Elefantengras. Das Gebiet grenzt an den Waza-Nationalpark in Kamerun an. Der Bulatura-Sektor erinnert mit seinen reizvollen Sanddünen und oasenartigen, sumpfigen Tälern an die Wüste, einzigartig für die Landschaft Nigerias. Das Feuchtgebiet Bade-Nguru um den See Nguru ist Teil des Ramsar-Schutzgebiets Hadejia-Nguru-Bade. Das darin gelegene Dagona-Wasservögel-Schutzgebiet bildet das Zentrum des Nationalparks.

Auf einen Blick

Lage: im Nordosten Nigerias, in der Sahel-Zone, zwischen den Bundesstaaten Yobe und Borno
Größe: 2258 km^2
Gründung: 1991

Der Blutschnabelweber brütet in großen Kolonien, die Millionen von Nestern umfassen können. In der Mittagshitze sammeln sich die riesigen Schwärme oft an Massenrastplätzen (großes Bild).

Zugvögel der nördlichen Hemisphäre nutzen die Feuchtsavannen des Tschadbeckens als Rastplatz und Winterquartier auf ihren Flugrouten in das tropische Afrika. Bilder oben: Kronenkranich, Jungfernkranich und Helmperlhuhn; Bilder links: Helmperlhühner und Jungfernkraniche.

CROSS RIVER
Nationalpark

Der Drill gehört zu den Primatenarten, die im Nordosten des Nationalparks zu finden sind. Seine spitzen Eckzähne setzt er vor allem zur Drohung ein.

Der Nationalpark Cross River ist der Zusammenschluss dreier Waldgebiete zu einem großen Naturschutzgebiet. Der Cross entspringt hier in felsigem Gelände, das in überwiegend bewaldete submontane Landstriche übergeht. Heute besteht der Nationalpark aus zwei Schutzzonen, dem Oban-Sektor und dem Okwangwo-Sektor. Forscher haben herausgefunden, dass die hier angesiedelten Flachlandregengebiete eine Entstehungsgeschichte haben, die 60 Millionen Jahre zurückliegt. Flora und Fauna sind in beinahe unerschöpflichem Reichtum vorhanden: 119 Arten von Säugetieren, 49 Fischarten, etwa 950 Schmetterlingsarten, 1568 Arten von Gefäßpflanzen und zahlreiche Farn- und Orchideenarten bilden eine einzigartige Artenvielfalt. Mit den Nationalparks des Nachbarlands Kamerun bildet das Naturschutzgebiet einen sogenannten Biodiversitäts-Hotspot.

Auf einen Blick

Lage: im Südosten Nigerias, im Bundesstaat Cross River
Größe: 4000 km^2
Gründung: 1991

Mindestens 75 Tierarten wurden im Gebiet entdeckt und über 282 Vogelarten identifiziert. Dazu gehören auch das Kräuselhauben-Perlhuhn, der Graupapagei und der Fledermausaar.

Oban-Sektor

Während der letzten Eiszeit gehörten die Oban Hills zu den wenigen Tieflandregenwald-Refugien. Heute sind sie ein international anerkanntes Schutzgebiet, ein Zentrum für Artenreichtum und Endemismus, insbesondere für Primaten, Amphibien, Schmetterlinge, Fische und kleine Säugetiere. Seltene Arten wie der Nigeria-Kamerun-Schimpanse leben hier, ebenso: Mandrille, Leoparden, Waldelefanten und Krokodile. Als einziger Ort in Nigeria beherbergt das Umweltschutzgebiet den Roten Stummelaffen und die Kronenmeerkatze. Die Oban Hills grenzen an den Nationalpark Korup an, der im Westen Kameruns liegt. Jagd und illegaler Holzschlag bedrohen die Region, zudem werden die Konsequenzen aus einer möglichen Hauptverkehrsader durch den Cross River State befürchtet.

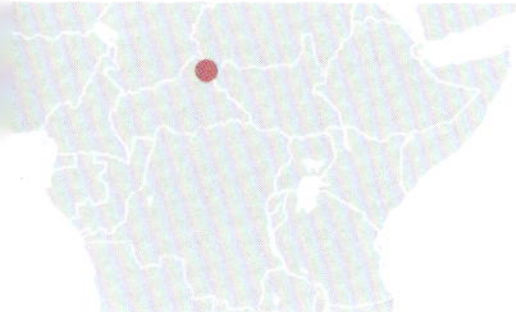

ANDRÉ-FÉLIX
Nationalpark

Zu den im Nationalpark vorkommenden Säugetieren zählen Löwe, Warzenschwein und Großer Kudu (Strepsiceros, unten: ein Bulle mit Weibchen).

Bergmassive und Baumsavanne prägen dieses Schutzgebiet an der Grenze zum Sudan. Schon 1960, also kurz vor der Unabhängigkeit der Zentralfrikanischen Republik, wurde dieser als erster Nationalpark des Landes gegründet. Dem Bongo-Massiv entspringen Flüsse wie der Lol, der bereits zum Einzugsgebiet des Nils gehört. Der höchste Berg schraubt sich bis auf 1130 Meter in die Höhe. Den Nationalpark

umgibt eine große Pufferzone, das Yata-Ngaya-Naturschutzgebiet, das knapp viermal so groß ist wie der Nationalpark selbst. Typische Savannentiere prägen die Fauna. Hier grasen Giraffen, Büffel, viele Antilopenarten und Elefanten. Löwe und Leopard gehen auf die Jagd nach den Pflanzenfressern und in den Flüssen leben Nilpferde und Krokodile. Mehrere Hundert Vogelarten sind zudem hier beheimatet.

Auf einen Blick

Lage: im Norden an der Grenze zum Sudan; dort bildet es ein grenzüberschreitendes Schutzgebiet gemeinsam mit dem Radom-Nationalpark
Größe: 1700 km^2
Gründung: 1960

Spitzmaulnashörner durchstreifen die Baumsavanne dieses Schutzgebiets auf Futtersuche. Die UNESCO ernannte den Park zum Weltnaturerbe, weil er die artenreichste Fauna des Landes aufweist.

MANOVO-GOUNDA SAINT FLORIS
Nationalpark | UNESCO-Welterbe

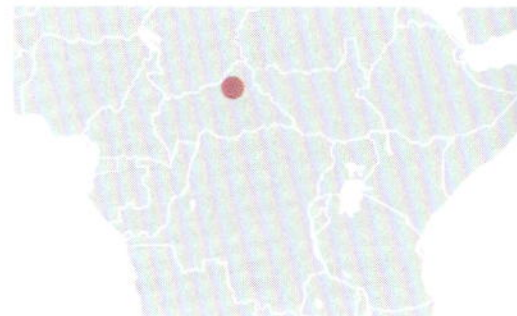

Eigentlich bietet dieser Nationalpark die idealen Bedingungen für eine vor Vielfalt strotzende Tier- und Pflanzenwelt. Die Lebensräume reichen von den Grassavannen im Norden bis zu den Galeriewäldern im Süden. Noch vor rund 40 Jahren sollen hier um die 100 000 Elefanten gelebt haben. Doch wegen der instabilen politischen Lage drängen immer wieder Wilderer über die Grenze. Dies hat dazu geführt, dass

bei Zählungen aus der Luft 2006 nur noch rund 500 Elefanten gesichtet wurden. Damit hätte sich deren Zahl in den vergangenen 40 Jahren auf weniger als ein Prozent des Ursprungsbestandes dezimiert. Auch die anderen Wildtiere vom Spitzmaulnashorn über Gazellen bis hin zu Antilopenarten leiden unter dem hohen Jagddruck, schätzungsweise 80 Prozent des einstigen Wildbestandes ist bereits verschwunden.

Auf einen Blick

Lage: im Norden der Zentralafrikanischen Republik
Größe: 17 400 km^2
Gründung: 1979
UNESCO-Weltnaturerbe: seit 1988

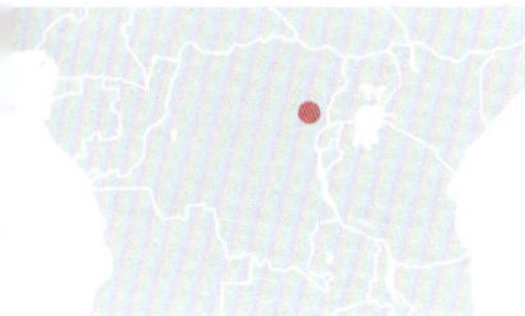

MAIKO
Nationalpark

Dieser Regenwald gehört zu den niederschlagsreichsten Gebieten in der Demokratischen Republik Kongo. Weil sich der Nationalpark auf Höhen bis zu 1300 Metern befindet, zählt er zu den sogenannten afromontanen Wäldern, eine besondere Form des Nebelwalds. Wegen seiner fast unzugänglichen Lage ist er noch heute Heimat vieler geschützter und endemischer Tierarten. Zu den bekanntesten zählt mit Sicherheit der seltene

Östliche Flachlandgorilla. Aber auch Okapis und Waldelefanten finden hier noch weitgehend ungestört eine Heimat. Zu den endemischen Arten zählt auch die Wasserzivette, sie gehört zu den seltensten Vertretern aus der Familie der Schleichkatzen. Weil der Park so schwer erreichbar ist, ist er nicht nur bei Wildtieren beliebt, sondern war auch lange Zeit Unterschlupf für die Simba-Rebellen. Mit Umsiedlungs- und Entschädigungsprogrammen sollen die Rebellen nun in anderen Gebieten eine Heimat finden.

Auf einen Blick

Lage: im Osten der Demokratischen Republik Kongo auf 600 bis 1300 Höhenmetern.
Größe: 10 830 km^2
Gründung: 1970

Kleine Bilder links: Mohrenkopfpapagei, Schopfmangabe, Östlicher Flachlandgorilla, Okapi; großes Bild: männliches Exemplar eines Östlichen Flachlandgorillas.

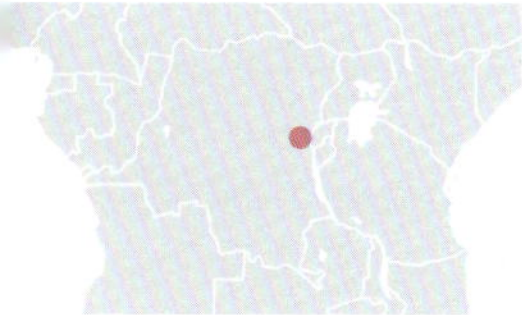

KAHUZI-BIÉGA

Nationalpark | UNESCO-Welterbe

Kleine Bilder (von oben links im Uhrzeigersinn): Anubispavian, Östlicher Flachlandgorilla, Dasypeltis scabra (eine Eierschlangenart), Ituri-Chamäleon, Rosenkäfer, Riedfrosch, Johnston-Chamäleon, Nitsche-Buschviper.

Großes Bild: Nitsche-Buschviper. Die Schlange wird im Durchschnitt 45 bis 75 Zentimeter lang. Ihr Gift ist für den Menschen gefährlich, doch Bisse kommen äußerst selten vor.

Ebenso wie der Virunga- wurde auch der rund 100 Kilometer westlich des Kiwusees gelegene Kahuzi-Biéga-Nationalpark im Osten der Demokratischen Republik Kongo vor allem zum Schutz von Gorillas eingerichtet – allerdings nicht von Berggorillas, sondern von Östlichen Flachlandgorillas. In Höhen zwischen 2100 und 2400 Metern leben diese imposanten Vertreter der Menschenaffen in kleinen Gruppen. Die »sanften Riesen« sind Vegetarier und können bis zu 40 Jahre alt werden. Die älteren Männchen haben eine silbergraue Rückenbehaarung. Sie schüchtern ihre Rivalen ein, indem sie sich aufrichten und sich brüllend auf die Brust schlagen. Das Schutzgebiet im Schatten von zwei erloschenen Vulkanen beherbergt noch weitere Primaten, darunter Schimpansen. Neben ihren natürlichen Feinden, den Leoparden, leben hier auch Elefanten, Büffel und zahlreiche andere Tierarten.

Hinter dem flachen Bambuswald erhebt sich der über 3300 Meter hohe Kegel des vor langer Zeit erloschenen Vulkans Kahuzi.

Auf einen Blick

Lage: im äußersten Osten des Landes an der Grenze zu Ruanda und nahe dem Westufer des Kiwusees
Größe: 6000 km²
Gründung: 1970
UNESCO-Weltnaturerbe: seit 1980

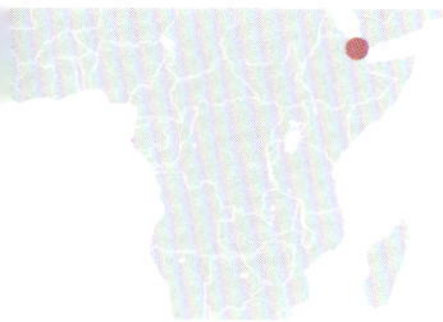

DANAKIL-WÜSTE

Vulkanisches Gestein, gelbliche Salz- und Sulfatablagerungen und eigenartige Salzseen prägen die Wüste Danakil, deren tiefste Stelle über 100 Meter unter Normalnull liegt. Der Ozean hat vor Jahrmillionen dicke Salzablagerungen hinterlassen, die, gepresst zu scharfkantigem Gestein, darauf warten, von den an

Entbehrungen gewöhnten Afar-Nomaden auf Kamelrücken geladen zu Völkern transportiert zu werden, die nach dem Mineral lechzen. Über 50 Grad Celsius heiß wird es in diesem Glutofen, der jedes Leben erstickt.

Surreal an der Oberfläche, aktiv brodelnd unter der Erdkruste: die Danakil-Wüste.

Auf einen Blick

Lage: an der Küste des Roten Meeres im Afar-Dreieck in Eritrea, Äthiopien und Dschibuti
Größe: 136 956 km^2

Vulkan Dallol

1926 eruptierte der Dallol zum letzten Mal, doch das Salz hat alle Spuren seines Ausbruchs bereits wieder überdeckt. Salz ist das bestimmende Element, an Land und in der Luft: Im Freien rostet alles in kürzester Zeit. Der Grund eines Ozeans, den vulkanische Aktivitäten im Gefolge des Grabenbruchs gehoben und aufgerissen haben, präsentiert sich heute seines Wassers beraubt wie eine vom Mond auf die Erde versetzte Landschaft, zerfurcht von kreisrunden Kratern, aus denen Rauch dringt und deren Untergrund immer wieder Erdstöße erschüttern. In der Sprache der Afar bedeutet Dallol »Ort ohne Wiederkehr«, denn immer wieder bleiben Menschen, die das Gebiet durchwanderten, vermisst. Die Gefahr, durch die dünne Mineralschicht zu brechen, die die säuregefüllten Becken überziehen, ist groß.

Dieser Teil der Erde wirkt extraterrestisch. Wie ein riesiges Labyrinth aus Salztürmen, Zinnen und bizarren Formen bedecken die Salzcanyons den Rand des aktiven Thermalgebiets.

Vulkan Erta Ale

Der Schildvulkan Erta Ale in der Danakil-Wüste im Nordosten Äthiopiens ist mit 613 Meter Höhe ein Zwerg; doch seine Lage macht ihn zu einem besonders unruhigen Feuerberg. Er erhebt sich auf der tektonischen Linie des Ost-

afrikanischen Grabenbruchs und befindet sich zugleich am Schnittpunkt der Störungsstellen von Rift Valley und Rotem Meer. Im Inneren seiner Caldera bildet glühende Lava einen See, dessen Oberfläche immer wieder zu einem dünnen Deckel erstarrt. Dieser bricht regelmäßig unter dem Druck der aus dem Erdinneren nachdrängenden glühenden Gesteine auf. Dann strömt erneut rote Lava empor, die erstarrten Bruchstücke treiben auf ihr. Wie weit die Lava die Caldera füllt, ist unterschiedlich; manchmal bildet sie nur einen relativ kleinen See, manchmal ist sie randvoll.

Spektakulär wirkt das Naturschauspiel in der 1800 mal 800 Meter umfassenden Caldera in den Abend- und Nachtstunden.

Unerträglich heiß ist es, die Luft ist geschwängert von giftigen Dämpfen und üblem Gestank – und trotzdem gehört die Vulkanlandschaft zu den faszinierendsten Orten dieser Erde.

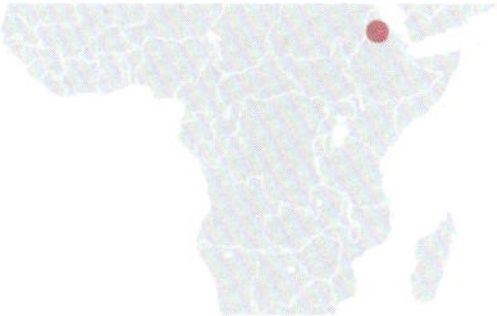

SIMIEN
Nationalpark | UNESCO-Welterbe

Das durch Vulkanismus vor 40 Millionen Jahren entstandene und in der Folgezeit durch Erosionen geformte Simien-Massiv ist heute eine der eindrucksvollsten Landschaften der Welt. Gipfelhöhen um die 4500 Meter, Basaltschluchten mit reißenden Flüssen, zerklüftete Felsen und Klippen und bis zu 1500 Meter tiefe Abgründe prägen das Bild des Nationalparks. Dies alles überragt der 4620 Meter hohe Ras Dashan, der höchste Berg Äthiopiens, der von Europäern erstmalig 1841 bestiegen wurde. Der nach dem Gebirgsmassiv benannte Nationalpark bietet einigen äußerst seltenen Tierarten ein Refugium. Darunter befinden sich der Dschelada-Pavian, der Simien-Rotfuchs und der Walia-Steinbock. Als die Zahl der Füchse und Steinböcke unter die kritische Grenze fiel, wurde der Park 1996 in die Rote Liste des gefährdeten UNESCO-Weltnaturerbes aufgenommen.

Auf einen Blick

Lage: in der Region Amhara
Größe: 412 km^2
Gründung: 1966
UNESCO-Weltnaturerbe: seit 1978
simienmountains.org

Spektakulär ist beinahe untertrieben, wenn man die Natur im Simien-Nationalpark beschreiben will. Auf über 4500 Meter ragt der höchste Berg Äthiopiens, der Ras Dashan, hier in einen dramatisch schönen Himmel.

Äthiopischer Steinbock, Äthiopischer Wolf und Blutbrustpavian (Dschelada) bewohnen das Naturschutzgebiet (Bildleiste von oben). Ein Äthiopischer Steinbock (links) überblickt die abgeschiedene Landschaft, in deren Ruhe sich eine vielseitige Pflanzenwelt entwickelt hat.

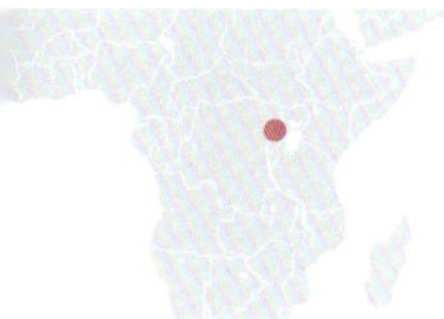

RWENZORI MOUNTAINS
Nationalpark | UNESCO-Welterbe

Die Bergwälder und Sumpfgebiete des Ruwenzori-Gebirges bieten Lebensraum und Schutz für zahlreiche gefährdete Tierarten wie Elefanten, Leoparden und Klippschliefer. Höchste Erhebung der Gebirgskette ist mit 5109 Metern der Margherita-Gipfel des Mount Stanley. Die Bergwälder der höheren Lagen warten mit einer Pflanzenwelt von ungewöhnlichen Ausmaßen auf. Lobelien, die normalerweise 30 Zentimeter hoch werden, erreichen hier eine Höhe von sieben Metern. An geschützten Stellen finden sich Farnarten von über zehn Meter Höhe, und auch einige Formen des Heidekrauts präsentieren sich in baumgroßen Dimensionen. Zurückzuführen ist dieser Riesenwuchs auf das Zusammentreffen von mineralreichen Böden, gleichbleibenden Temperaturen, hoher Luftfeuchtigkeit und der Tatsache, dass die meist dicke Wolkendecke die hohe ultraviolette Strahlung reduziert.

Auf einen Blick

Lage: im Südwesten des Landes, Western Region, Grenze zu Kongo
Größe: 996 km^2
Gründung: 1994
UNESCO-Weltnaturerbe: seit 1994
www.ugandawildlife.org/explore-our-parks/parks-by-name-a-z/rwenzori-mountains

Das Ruwenzori-Gebirge bleibt oft hinter Wolken verborgen, weshalb es erst verhältnismäßig spät entdeckt wurde: Die ein oder andere Expeditionsgruppe marschierte einfach an ihm vorbei.

Geheimnisvoll und fremdartig wirkt diese faszinierende Landschaft, deren üppig grüne Riesenhaftigkeit in eine ganz eigene Welt entführt.

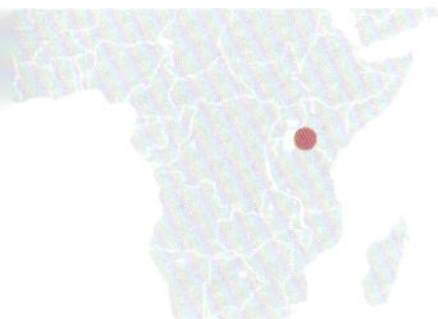

MAASAI MARA
Nationalreservat

Man muss die Maasai Mara von oben sehen, von einem Flugzeug aus oder noch besser bei einer Ballonfahrt. Ganz früh geht es los, denn nur im Morgengrauen erlaubt die Thermik der Grassavanne im Süden Kenias die Fahrt. Lautlos entschwebt man der Erde, und auch im Korb des Ballons verstummen alle Passagiere. Denn was sie sehen, erfordert zwingend die Andacht des Schweigens: eine endlose Wildnis, durch die sich der Mara-Fluss als schmales braunes Band schlängelt, eine Welt, bevölkert von Zehntausenden, Hunderttausenden Wildtieren, von Elefanten, Leoparden, Hyänen und Wildhunden, von Gnus, Gazellen und Antilopen. Man erkennt die massigen Körper der Flusspferde, die wie lebende Findlinge aussehen, und die geduldig lauernden Krokodile, die vielleicht doch Baumstämme sind. Man sieht ein Rudel Löwen und Horden von Geiern und Marabus, die Müllabfuhr der Savanne.

Auf einen Blick

Lage: im Westen des Landes, Narok County, Teil der Serengeti
Größe: 1510 km^2
Gründung: 1944
www.maasaimara.com

Es gibt kaum ein spektakuläreres Schauspiel im Tierreich als die jährliche Wanderung der Gnus in Ostafrika. Während der Regenzeit grasen sie auf den fetten Weiden der Serengeti in Tansania. Nach deren Ende im Frühsommer verdörrt das Land, und die Gnus ziehen nach Norden in die Maasai Mara in Kenia, wobei sie den Mara überqueren müssen. Eine Lawine aus Tierleibern stürzt sich ins Wasser in der Hoffnung, heil ans andere Ufer zu kommen.

Auf einen Blick

Lage: im Westen des Landes, Narok County, Teil der Serengeti
Größe: 1510 km²
Gründung: 1944
www.maasaimara.com

Fressen und gefressen werden: Die Gnus überqueren den Mara-Fluss zu Abertausenden, um in die fruchtbare Savanne am anderen Ufer zu gelangen. Flussüberquerungen sind oftmals eine heikle Angelegenheit, denn im Wasser lauern Krokodile, die es auf junge, kranke und schwache Tiere abgesehen haben.

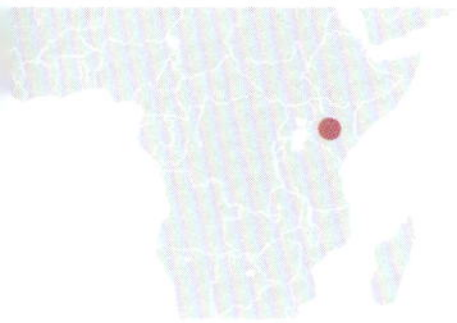

MOUNT KENYA

Nationalpark | UNESCO-Welterbe

Als der pietistische Missionar Johann Ludwig Krapf 1849 von einer Expedition ins tiefe, dunkle Herz Ostafrikas zurückkam, hatte er Ungeheuerliches zu berichten: In unmittelbarer Nähe des Äquators gebe es einen Berg, der so aberwitzig hoch sei, dass auf seinem Gipfel immer Schnee und Eis lägen. Obwohl Krapf beim Allmächtigen schwor, dass es genau so sei und obwohl niemand den Gottesmann der Lüge bezichtigte, weil Lügen ja eine gotteslästerliche Sünde ist, schenkte kein Mensch dem armen Mann Glauben. Schnee am Äquator! Gletscher in den Tropen! Was für eine bizarre Vorstellung! Er müsse wohl Opfer einer Sinnestäuschung geworden sein, beschied man Krapf, dem es nicht mehr vergönnt war, den Triumph des Rechts auszukosten. Denn erst zwei Jahre nach seinem Tod, im Jahr 1883, bestätigte eine britische Expedition die Schilderung des Johann Ludwig Krapf.

Auf einen Blick

Lage: im Zentrum des Landes, etwa 16,5 km südlich des Äquators, rund 150 km nordöstlich von Nairobi
Größe: 715 km^2
Gründung: 1949, erweitert 2013
UNESCO-Weltnaturerbe: seit 1978

Der Mount Kenya ragt 5199 Meter hoch auf und ist vollständig vergletschert. Der zweithöchste Punkt Afrikas nach dem Kilimandscharo müsste heute eigentlich Mount Krapf heißen – nach seinem Entdecker.

Fünf Vegetationszonen ziehen sich von der Ebene bis in die Gipfelregion des Mount Kenya – ausreichend Raum für eine einzigartige Tier- und Pflanzenwelt.

KILIMANDSCHARO
Nationalpark | UNESCO-Welterbe

Der 5895 Meter hohe Kilimandscharo ist Teil des nach ihm benannten, riesigen Nationalparks und wie die meisten anderen Berge Ostafrikas vulkanischen Ursprungs. Da er sich 4000 Meter aus der Ebene erhebt, wirkt er majestätischer und unbezwingbarer als manch höherer Gipfel in den Alpen oder im Himalaya. Durch seine Lage wenig südlich des Äquators zeigt der Kilimandscharo eine charakteristische Vegetationsabfolge, die weitgehend der horizontalen vom Äquator zu den Polkappen entspricht. Auf die Savanne folgt dichter Regenwald, der in lichten Bergnebelwald übergeht. Dieser weicht ab etwa 3000 Meter einer steinigen Märchenlandschaft, in der zarte Lobelien wachsen. In rund 4500 Meter Höhe sind die Spuren der alten Lavaströme deutlich zu erkennen, und schließlich erreicht man am Kibo das Reich des ewigen Eises.

Auf einen Blick

Lage: zwischen Arusha im Südwesten und der Grenze zu Kenia liegt der Nationalpark, der mehrere Gipfel des Kilimandscharo-Massivs umfasst
Größe: 1688 km^2
Gründung: 1973
UNESCO-Weltnaturerbe: seit 1987

Aus jeder Perspektive sieht er anders aus, und doch wirkt er immer imposant. Nicht zuletzt, weil der Kilimandscharo meist von Wolken umgeben ist, die seine Größe zusätzlich unterstreichen zu wollen scheinen.

In der Frontalansicht wird gut die flache Ebene deutlich, die den Gipfel bildet. Der Aufstieg ist zwar anstrengend, aber relativ einfach.

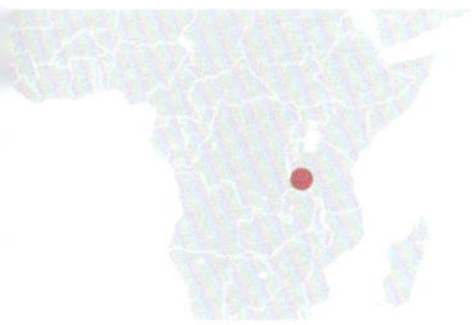

KATAVI
Nationalpark

In den Südwesten Tansanias verirren sich nur wenige Besucher – ein Umstand, der dem drittgrößten Nationalpark des Landes, dem Katavi-Nationalpark, einen Hauch von Abenteuer beschert. Die herrliche Wildnis erinnert an Safariabenteuer aus einer längst vergangenen Zeit. Nur in der Trockenzeit sorgt ein luxuriöses Zeltlager für Komfort bei den Gästen. Benannt wurde der Park nach dem gleichnamigen See, der nur in der Regenzeit ausreichend Wasser führt. Für einen Besuch empfiehlt sich aber die Trockenzeit von Juni bis Oktober. Dann ist der Fluss Katuma das einzige Gewässer weit und breit und dementsprechend vielfältig ist die Tierwelt, die er anlockt. Neben den großen Büffel-, Elefanten- und Zebraherden sind es vor allem Hunderte Flusspferde, die für ein einmaliges Spektakel sorgen, wenn sie alle gleichzeitig um die letzten Wasserstellen kämpfen.

Auf einen Blick

Lage: im Westen des Landes, östlich des Tanganjikasees und nördlich des Rukwasees
Größe: 4471 km^2
Gründung: 1974

Erst aus der Vogelperspektive wird richtig bewusst, wie viele Flusspferde sich im Katuma tummeln, sobald in der Trockenzeit alle anderen Seen und Flüsse im Nationalpark versiegen und austrocknen.

Badezeit heißt es auch für diese Flusspferdherde, die sich in der Trockenzeit eng zusammendrängt, um allen Mitgliedern einen Platz im Nassen zu schaffen.

SAHAMALAZA-ÎLES RADAMA

Nationalpark | UNESCO-Biosphärenreservat

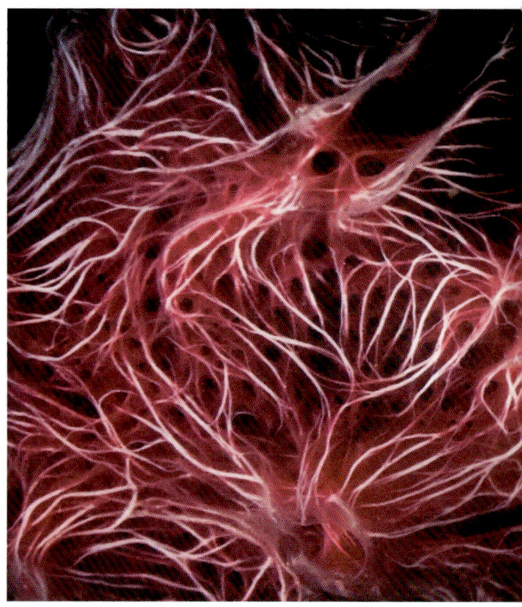

Das Schutzgebiet von Sahamalaza-Îles Radama umfasst eine Gesamtfläche von 260 Quadratkilometern, wobei sich die Hälfte davon unter Wasser befindet und hauptsächlich aus Korallenriffen besteht. Hier wurden um die Halbinsel Sahamalaza und die Radama-Inseln mehr als 200 Korallen und wirbellose Tiere, 20 Seegurken sowie 170 Fischarten katalogisiert. Die Korallenriffe von Lagna und Ankakabe sind dagegen der Lebensraum von Meeresschildkröten, die ihre Eier an den Stränden von Nosy Valiha ablegen. Der Landteil des Reservats wird von Mangroven entlang einer 30 Kilometer langen Bucht und einer der letzten trockenen Küstenwälder an der Westküste geteilt. Die Sahamalaza-Halbinsel hat steile Abhänge (bis zu 400 Meter auf dem Ankitsiky-Hügel) und viele kleine Flüsse, wo die Überreste eines Waldes zwei Blöcke bilden: der Analavory-Wald im Süden und Ambinda im Norden.

Auf einen Blick

Lage: an der Nordwestküste von Madagaskar, etwa 100 km südlich von Nosy Be, 80 km nördlich der Stadt Analalava
Größe: 260 km^2
Anerkennung als UNESCO-Biosphärenreservat: 2001

Das Reservat besteht zur Hälfte aus Korallenriffen, die u. a. Plattwürmer (Bild links oben) und Schwämme (links unten) beheimaten.

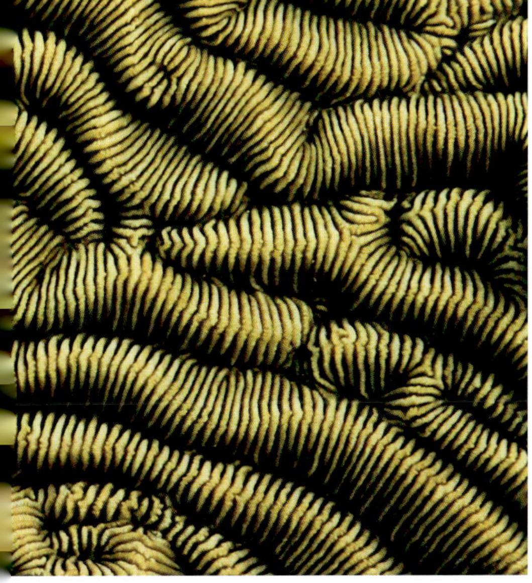

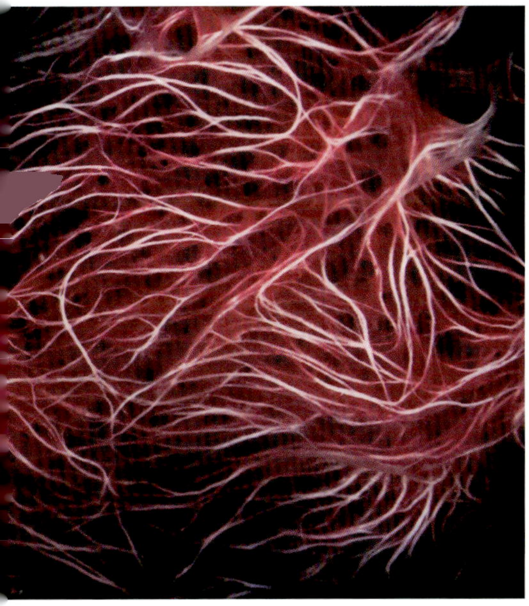

Von Nosy Be oder Analalava kann man mit Booten in das Biosphärenreservat gelangen und die eindrucksvolle Korallenunterwasserwelt bestaunen.

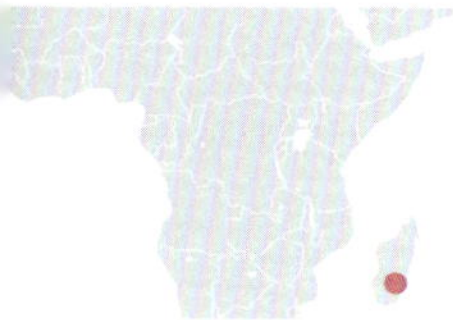

ANDRINGITRA
Nationalpark | UNESCO-Welterbe

Seit 1927 hatte das Gebiet bereits den Status als Réserve naturelle intégrale, aber erst 1999 wurde daraus ein Nationalpark. Er befindet sich im Andringitra-Gebirge. Rund 2700 Meter über dem Meeresspiegel ragt der zweithöchste Berg der Insel Madagaskar, der Pic Boby, auf. Zwei große Wasserfälle prägen das rund 311 Quadratkilometer große Schutzgebiet, beide gelten den Einheimischen bis heute als heilig. Der Sage nach hat hier einst ein kinderloses madagassisches Königspaar segensreiche Medizin gefunden. Sie badeten im Wasserfall und gesunder Nachwuchs stellte sich ein. Das Reservat wartet mit einer großen Artenvielfalt auf, allein mehr als 1000 Pflanzensorten wurden gezählt, darunter Flaschenbäume und Aloen, die mit ihren Blüten Besucher anlocken. Bei den Tieren ist der Park für die Kattas, eine Lemurenart, bekannt, Ornithologen schätzen die Sonnenvögel oder Vangawürger.

Auf einen Blick

Lage: im Südosten von Madagaskar, in der Region Haute-Matsiatra
Größe: 311 km^2
Gründung: 1999
UNESCO-Weltnaturerbe: seit 2007

Das Andringitra-Gebirge ist ein rund 100 Kilometer langes Bergmassiv vulkanischen Ursprungs im Nationalpark. Unterhalb des Granits finden sich in den Flussbetten schöne Beispiele für metamorphe Gesteine, vor allem Gneis.

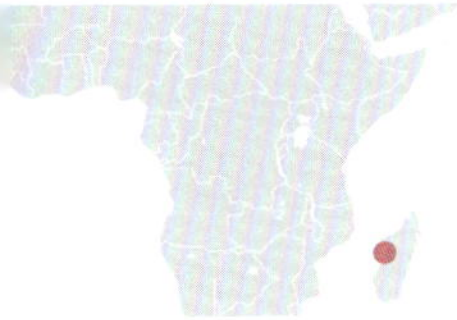

TSINGY DE BEMARAHA
Nationalpark | UNESCO-Welterbe

TSINGY DE BEMARAHA
Nationalpark | UNESCO-Welterbe

Auch die Natur baut sich manchmal ihre Kathedralen. Ihre spektakulärste hat sie im Westen Madagaskars errichtet, ein natürliches Baukunstwerk aus Tausenden von Kalksteintürmen (»Tsingy«), auf die jede gotische Kirche neidisch sein müsste. Diese schlanken Türme stehen im Naturschutzgebiet Tsingy de Bemaraha, ragen bis zu 100 Meter in den Himmel, werden vom rauschenden Urwald umrahmt und sind absolut einzigartig auf der Welt. »Den Wald der scharfen Steine« nennen die Einheimischen auch diese Sensation, die zahllosen seltenen Tierarten eine Heimat bietet und völlig zu Recht seit 1990 zum UNESCO-Weltnaturerbe zählt. Doch erst 1997 wurde das Gebiet zum Nationalpark erklärt, davor war es Teil des Naturreservats Tsingy de Bemaraha. Dem Garten Eden gleich sind Flora und Fauna: 86 Prozent der 650 Pflanzenarten sind endemisch.

Auf einen Blick

Lage: an der Grenze zum Westen von Madagaskar, in der Provinz Mahajanga, im Distrikt Antsalova
Größe: 723 km^2
Gründung: 1927
UNESCO-Weltnaturerbe: seit 1990

Der in zwei Teile gegliederte Park erstreckt sich über 1575 Quadratkilometer. Der südliche Teil entspricht dem Nationalpark, in dem man die messerscharfen Tsingy findet. Nur Lemure können sich hier problemlos fortbewegen.

Der Nationalpark Tsingy de Bemaraha beeindruckt vor allem durch seine einzigartige Karstlandschaft. Über den auffälligen Felsformationen kreisen Fledermäuse (ganz links) und der Riesen-Seidenkuckuck (links).

Die Tsingy erstrecken sich bis zum Horizont auf dem Kalksteinplateau, wo sie eine spektakuläre Landschaft bilden. Die abrupten Bemaraha-Klippen, die sich bis 400 Meter über dem Manambolo-Tal erheben, begrenzen sie.

ALDABRA-ATOLL
UNESCO-Welterbe

Die vier Inseln des Korallenatolls – Picard, Polymnie, Malabar und Grande Terre – bilden die westlichste Inselgruppe der Seychellen und stehen unter strengem Schutz. Ihre Hauptattraktion sind über 150 000 Aldabra-Riesenschildkröten, die ein Alter von mehr als 100 Jahren erreichen. Der größte Teil der Tiere lebt auf Grande Terre. Von den türkisblauen Fluten des Indischen Ozeans umsäumt, entsprechen die nahezu unbewohnten Eilande perfekt unseren Vorstellungen von einer Trauminsel. Die vier Hauptinseln umschließen eine seichte Lagune und werden ihrerseits von einem Korallenriff umgeben. Aufgrund der isolierten Lage konnte hier eine vom Menschen ungestörte Naturlandschaft bewahrt werden. Das 1976 zum Schutzgebiet erklärte Aldabra-Atoll weist eine für eine ozeanische Insel erstaunlich vielfältige Flora und Fauna auf. So dient es zahlreichen Seevögeln als Nistplatz.

Auf einen Blick

Lage: Aldabra-Atoll im Indischen Ozean, mit vier Hauptinseln aus Korallenkalkstein, 360 km nördlich von Madagaskar
Landfläche: 155 km^2
Lagunenfläche: 224 km^2
Schutzgebiete: seit 1976
UNESCO-Weltnaturerbe: seit 1982

Die außergewöhnliche Tierwelt: Kokosnusskrabbe (großes Bild), Flughund, Bindenfregattvogel, Indos-Krabbe, die flugunfähige Cuvier-Ralle, Rote Klippenkrabben und Natteraugen-Skink (von links oben im Uhrzeigersinn).

Das Aldabra-Atoll wurde erst vor wenigen Jahren als Expeditions- und Reiseziel freigegeben. Doch auch heute dürfen nur wenige Menschen die Inselgruppe betreten. So konnte sich eine einzigartige Tier- und Pflanzenwelt über und unter Wasser erhalten. Die selten vorkommenden Champignon-Korallen (links) sind beispielsweise nur an diesem Ort zu finden.

LA DIGUE

Die Grand Anse (großes Bild) auf La Digue ist ein wilder Strand und ihre traumhafte Kulisse macht sie absolut einzigartig. Sie hat aber kein vorgelagertes Riff und somit auch keinen Schutz vor dem offenen Meer.

Das zehn Quadratkilometer große Eiland kann ausschließlich mit einem Boot erreicht werden. Seinen Beinamen »Île Rouge« verdankt es den rötlichen Granitfelsen, die in den Buchten bis zu 300 Meter hoch aufragen. In Verbindung mit den herrlich weißen Sandstränden wie Pointe Source d'Argent oder Anse Source à Jean, dem türkis schimmernden Meer und den Kokospalmen, die allerorts zwischen ihnen hervorsprießen, ergibt die Insel ein prächtiges Bild, das oft als Kulisse für Werbe- oder Modeaufnahmen genutzt wird. Autos gibt es auf

La Digue nicht. Die Insel lässt sich aber gut zu Fuß, mit dem Fahrrad oder auch auf einem Ochsenkarren-Taxi erkunden. Im Inselinneren kann man Kokos- oder Vanilleplantagen besichtigen und sich die Verarbeitung von Kopra zu Kokosöl zeigen lassen. Das Naturschutzgebiet Veuve wurde eigens für den nur auf La Digue vorkommenden Paradiesfliegenschnäpper, eine der seltensten Vogelarten der Welt, eingerichtet.

Auf einen Blick

Lage: rund 6 km östlich von Praslin, 50 km nordöstlich von Mahé
Größe: 10 km^2
Einwohner: 2200

ÎLE COCOS
Meeres-Nationalpark

18 000 Quadratmeter ist sie nur groß, die sich etwa einen Kilometer nördlich von Félicité befindende Miniatur-Bilderbuchinsel Cocos. Sie steht ebenso wie der sie umgebende Meeresraum seit dem Jahr 1996 unter Naturschutz. Der Meeres-Nationalpark wiederum besteht aus den drei kleinen Inseln Île Cocos, Île La Fouche und Île Plate im seichten türkisfarbenen Meer, die von großen Korallenriffen gesäumt sind. Als beliebtes Schnorchelziel wird das kleine Graniteiland mit dem malerischen Palmenbewuchs häufig von La Digue und Praslin aus angefahren. Über der großen umliegenden Korallenplatte sind zahlreiche Rifffische wie Rochen, aber auch Muränen, Meeresschildkröten und manchmal sogar Walhaie anzutreffen. Jahrelang durften hier keine Boote ankern, um den Reichtum der Unterwasserwelt zu erhalten. Darum gilt es, insbesondere beim Tauchen und Schnorcheln, nichts zu berühren und die Meeresbewohner nicht zu stören.

Eine Insel im Miniaturformat als bekanntes Ausflugsziel: Die Île Cocos (oben) ist der beliebteste Schnorchelplatz der Seychellen.

Auf einen Blick

Lage: in unmittelbarer Nähe zu den Nachbarinseln La Digue, Félicité und Sisters Islands
Größe: 0,018 km^2
Gründung: 1996

GIPFEL, TALKESSEL UND HÄNGE AUF LA RÉUNION

Nationalpark | UNESCO-Welterbe

Der erste Einwohner des abgeschiedenen Talkessels Cirque de Mafate auf der Insel La Réunion war ein entflohener madagassischer Sklave mit einem furchterregenden Namen: »Mafate«, zu Deutsch »der Gefährliche«, herrschte einen großen Teil des 18. Jahrhunderts über eine Gemeinschaft entflohener Sklaven, bevor er dem Talkessel seinen Namen gab. Der am schwersten erreichbare der drei Talkessel ist noch immer isoliert: Die 95 Qua-

dratkilometer große Fläche der nordwestlichen Caldera des Piton des Neiges kann bis heute ausschließlich zu Fuß oder per Helikopter besucht werden. Rundherum bilden die Berge und ihre etwa zehn Gipfel über 2000 Meter einen regelrechten Schutzwall. Außerdem bietet das Areal nicht weniger als 100 Kilometer Wanderwege. Zwischen Wäldern, Schluchten und Felsen liegen kleine Bergdörfer, »Îlets« genannt, deren Bewohner mit Freude die zahlreichen Wanderer empfangen. Seit 2010 gehört Cirque de Mafate neben dem Cirque de Salazie und dem Cirque de Cilaos zum UNESCO-Weltnaturerbe.

Auf einen Blick

Lage: Insel La Réunion, im Indischen Ozean, 800 km östlich von Madagaskar
Fläche: 2512 km^2
Nationalpark: seit 2007
UNESCO-Weltnaturerbe: seit 2010

Der Cirque de Mafate ist der trockenste und am wenigsten bekannteste aller drei Talkessel, vielleicht deswegen, weil er nur zu Fuß oder per Hubschrauber erreichbar ist. Entsprechend findet man hier Ruhe in der puren Natur.

BAA-ATOLL

UNESCO-Biosphärenreservat

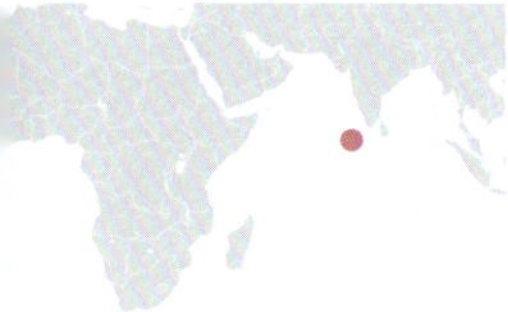

Das Biosphärenreservat Baa-Atoll umfasst auf 1200 Quadratkilometern 75 Inseln, von denen 13 von etwa 12 000 Menschen bewohnt werden. Wenn im Sommer besonders viel Plankton in das rund 150 Kilometer nördlich der Hauptstadtinsel Malé liegende Schutzgebiet treibt, tummeln sich in den Lagunen rund um Kihavah und der benachbarten Insel Landaa Giraavaru Dutzende Mantas. Ein ganz besonderes Erlebnis für Taucher. Denn trotz seiner Spannweite von fast vier Metern und seines weit aufgerissenen Mauls wirkt der Gigant sanft und friedlich. Majestätisch umkreist der Mantarochen mit ruhigen Flügelschlägen, die an einen Adler erinnern, Taucher am »Dhawandoo-Thila«-Riff, ehe er im tiefen Blau des Ozeans verschwindet. Es bleiben vorbeipaddelnde Schildkröten und tropische Fische wie Walhai und Pfauen-Zackenbarsch in den bunten Korallen samt Moostierchen.

Große ökologische Bedeutung besitzt das Baa-Atoll wegen seiner ausgedehnten Korallenriffe und Mangrovenwälder. Sie beherbergen eine selbst für maledivische Verhältnisse außergewöhnlich hohe Biodiversität.

Die ringförmigen Riffformen und andere außergewöhnliche Riffstrukturen, für die die Malediven im Allgemeinen bekannt sind, liegen in einmalig großer Dichte vor dem Baa-Atoll. Hier existiert die größte Fläche an Mangrovensümpfen der gesamten Inselgruppe sowie ein Vogelnistplatz für Fregattvögel, deren Männchen mit ihrem aufblasbaren, auffallend roten Kehlsack kaum zu übersehen sind.

Auf einen Blick

Lage: Baa-Atoll, etwa 150 km nordwestlich von Malé, nördlich des Kashidhoo Kandhoo Kanals
Größe: 1 200 km^2
Gründung: 1998
UNESCO-Weltnaturerbe: seit 2011

NAMIB
UNESCO-Welterbe

Das Sandmeer der Namib zählt seit 2013 zum UNESCO-Weltnaturerbe. Es ist die einzige Küstenwüste der Welt, deren Dünengebiete ihre Feuchtigkeit aus den vom Atlantik landeinwärts ziehenden Nebelbänken beziehen. Vom Great Escarpment im Osten dringen in guten Regenjahren auch Flüsse weit in die Dünengürtel vor – sie »kommen ab« – und bilden dort, wo sie durch Hindernisse aufgehalten werden, kleine Seen, die Vleis. Sobald das Wasser verdunstet ist, bleibt eine Salz-Ton-Schicht zurück, die dem Wild als Salzlecke dient. Sossusvlei und die angrenzenden Dünenformationen zählen zu den bekanntesten und faszinierendsten Landschaftsattraktionen Namibias. Die bis zu 380 Meter hohen Sandberge bedecken ältere, fossile Dünen, die vor mehr als zwei Millionen Jahren gebildet wurden. Die rötliche Färbung des Sandes sorgt für ein atemberaubendes Farbenspiel.

Auf einen Blick

Lage: Südwestküste Afrikas von Angola, Namibia bis zum Westkap Südafrikas
Größe: 95 000 km^2
UNESCO-Weltnaturerbe: seit 2013

Die Natur schafft scheinbar mühelos die größten Kunstwerke. Immer wieder neu und immer wieder anders zeigt sich die Wüste Namib ihrem Betrachter.

Das Zusammenspiel von Wind, Sonne und Wüste unterwirft die Landschaft einer stetigen Veränderung: Die Spuren im Sand sind nie von Dauer.

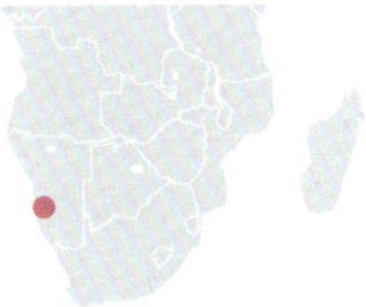

NAMIB-NAUKLUFT
Nationalpark

Das Vlei, der »See« am Fuß der Dünen, entsteht nur in sehr guten Regenjahren. Dann führt der Tsauchab genug Wasser, um zu den Dünen vorzustoßen.

Sanddünen, Wüstengebirge, Kiesebenen und Lagunen sind nur einige der vielen eindrucksvollen Landschaftsformen dieses Nationalparks, der zu den größten Naturschutzgebieten der Erde zählt. Er präsentiert die Wüste Namib als ein faszinierendes Landschaftskunstwerk mit imposanten Höhepunkten wie den Dünen um das Sossusvlei und der Gebirgswildnis der Naukluft, zeigt zugleich aber auch die weniger spektakulären Gesichter der Wüste wie die Welwitschia-Ebene bei Swakopmund. Eingerichtet wurde das Naturschutzgebiet bereits 1907 von der deutschen Kolonialadministration. Durch die Schaffung des Dorob-Nationalparks um Walvis Bay und Swakopmund wurde Namib-Naukluft mit dem nördlichen Skelettküstenpark verbunden und bildet nun zusammen mit dem südlich angrenzenden Sperrgebiet den Namib-Skelettküsten-Nationalpark.

Sossusvlei

In dieser Salzpfanne inmitten der Namibwüste, die von kolossalen Sanddünen umstanden ist, fällt so gut wie nie Regen. Entstanden ist sie durch die Versandung des Flusses Tsauchab, der früher vermutlich im 50 Kilometer entfernten Atlantik mündete.

Dead Vlei

Während das Sossusvlei ab und an mit Wasser versorgt wird, bleibt die Wasserzufuhr am Dead Vlei gänzlich aus, weil die Dünen den Zugang inzwischen blockieren. Die hiesigen Baumskelette der Kameldornbäume sind rund 500 Jahre alt und stumme Zeugen der Stelle, wo der Tsauchab einst ursprünglich endete.

Auf einen Blick

Lage: im Westen des Landes, Teil der Namib und des Naukluft-Gebirges
Größe: 49 768 km^2
Gründung: 1979
www.met.gov.na/national-parks/namib-naukluft-park/224

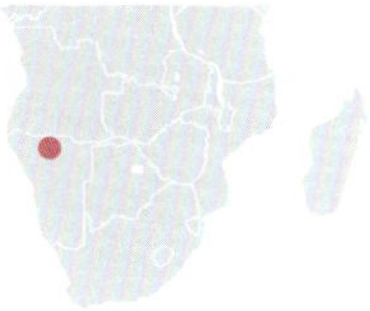

ETOSHA-SENKE

Über 2500 Elefanten leben in der Etosha-Senke in Familienverbänden von Mutterkühen und bis zu 50 Jungtieren oder aber in Junggesellengruppen von bis zu acht Bullen. Beiden sollte man mit Vorsicht begegnen und nicht ihre Wanderpfade blockieren. Elefanten besuchen die künstlich angelegten Wasserstellen vor allem nachts, doch in der heißen Jahreszeit suchen sie in kleinen Familienverbänden auch tagsüber Erfrischung. Durch Schlammbäder und Abspritzen kühlen die grauen Riesen ihre Haut. Da sie keine natürlichen Feinde haben, besetzen sie die Tränken oft stundenlang, während andere Tiere »anstehen« und warten müssen. Wer gute Chancen haben möchte,

den Elefanten beim Bad zusehen zu können, sollte am besten die Wasserstellen Olifantsbad, Aus und Kalkheuvel aufsuchen.

Auf einen Blick

Lage: Norden des Landes, Teil des Etosha-Nationalparks und der Kalahari-Senke
Größe: 4760 km²

Der Legende nach weinten einst Mütter einen See voll bitterer Tränen um ihre verstorbenen Kinder. Die Sonne trocknete das Wasser, das Salz blieb. Manchmal heißt die Etosha-Pfanne deshalb auch »See der Tränen«.

ETOSHA-PFANNE

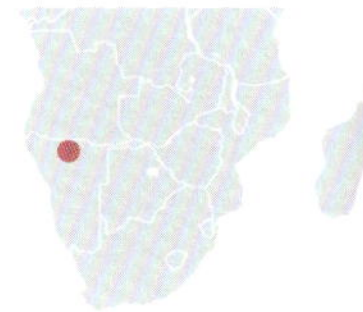

Die Etosha-Pfanne ist Teil der Kalahari, die das namibische Hochland wie ein Halbmond von Osten und Norden einrahmt. Die ersten Jäger, die von Südafrika kommend Mitte des 19. Jahrhunderts Etosha erreichten, waren von dem Wildreichtum an dieser trockenen, von einer weiß schimmernden Salzkruste überzogenen Senke überrascht. Für die Ovambo war der Ort ein wichtiger Salzlieferant, denn mit Salz wurde gehandelt. Früher scheinen auch die Haikom, eine Untergruppe der »Buschmänner« genannten San, als Jäger und Sammler in der Region gelebt zu haben. Sie erzählen

eine Legende von der Entstehung der Pfanne: Etosha war Schauplatz einer grausamen Schlacht, bei der nur die Frauen überlebten. Die Tränen über den Verlust ihrer Kinder füllten einen See, und als dieser austrocknete, blieb die Salzpfanne zurück – heute ein Segen für Tiere.

Auf einen Blick

Lage: Norden des Landes, Teil des Etosha-Nationalparks und der Kalahari-Senke
Größe: 4760 km^2

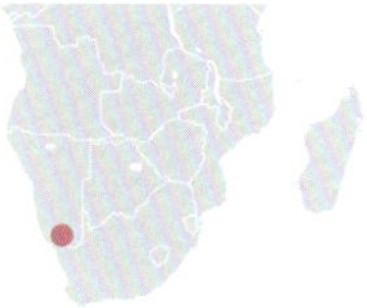

FISH RIVER CANYON

Wie konnte das nur geschehen? Wie war es möglich, dass dieses Rinnsal von Flüsschen diesen gigantischen Canyon in die Erdkruste Afrikas gegraben hat? Der Fish River mag der längste Fluss Namibias sein, 650 Kilometer von der Quelle bis zur Mündung. Doch hier ist er nur ein müdes Bächlein, das es bestenfalls zu ein paar Tümpeln bringt, in denen Welse, Karpfen, Barben und Barsche leben. Und auch wenn er für ein paar Tage während der Regenzeit zu einem reißenden Strom anschwillt, würde man ihm doch nie zutrauen, den größten Canyon Afrikas und den zweitgrößten der Erde aus den Koubis-Bergen im Süden Namibias geschabt zu haben. 160 Kilometer lang, 27 Kilometer breit und bis zu 550 Meter tief ist der Fish River Canyon. Er ist eine gewaltige Scharte in der Natur, in deren Schutz unter anderem Oryxantilopen, Leoparden, Bergzebras und andere Tiere leben.

Auf einen Blick

Lage: Süden des Landes, Teil des |Ai-|Ais Richtersveld Transfrontier Park
Größe: 5900 km^2
www.met.gov.na/national-parks/-ai-ais-hot-springs-game-park/212

Am Ende des durch den Fish River Canyon führenden Weges, der zwischen hohen Felswänden den Mäandern des Fish River folgt, belohnt das Thermalbad an den heißen Quellen von |Ai-|Ais.

Als blicke der liebe Gott auf die Erde hinab und betrachte sie mit Wohlwollen: Daran erinnern manchmal die monumentalen Bilder, die man am Fish River Canyon sehen kann.

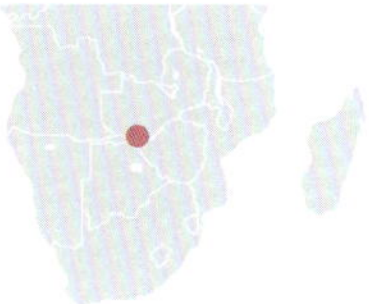

MOSI-OA-TUNYA

Nationalpark | UNESCO-Welterbe

Der erste Vorbote der gigantischen Victoriafälle ist bereits aus einer Entfernung von rund 20 Kilometern in Form einer bis zu 300 Meter hoch aufsteigenden Sprühnebelwolke auszumachen. Mit ohrenbetäubendem Lärm stürzt der Sambesi, Grenzfluss zwischen Sambia und Simbabwe (weshalb dies auch ein grenzüberschreitendes Weltnaturerbe ist), ungefähr 110 Meter in die Tiefe. Im März und April, zur Hochwasserzeit, werden sie zu einem fast zwei Kilometer breiten Wasservorhang (wobei bis zu 10 000 Kubikmeter Wasser pro Sekunde hinabstürzen). Den Rest des Jahres, wenn der Sambesi weniger Wasser führt, differenzieren sich wieder einzelne Fälle aus. Die Rainbow Falls sind die höchsten unter ihnen.

Auf einen Blick

Lage: Süden Sambias an der Grenze zu Simbabwe
Größe: 66 km^2
Gründung: 1989
UNESCO-Weltnaturerbe: seit 1989

Die Gischt der tosenden Wassermassen legt sich wie ein Zauber über die Landschaft und entführt in eine überraschend tropische Welt.

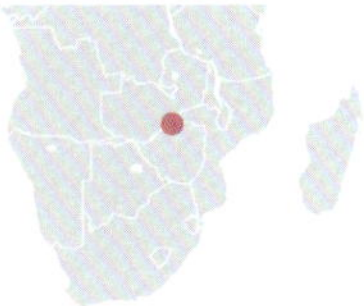

MANA POOLS
Nationalpark | UNESCO-Welterbe

Ein Jahr nach der Einrichtung des Nationalparks Mana Pools 1963 wurden auch die benachbarten Safarigebiete Sapi und Chewore unter Schutz gestellt. Die drei Areale im Dreiländereck von Simbabwe, Sambia und Mosambik erstrecken sich über eine Fläche von knapp 7000 Quadratkilometern, wobei Chewore etwa die Hälfte einnimmt. Im Norden bildet der Sambesi die natürliche Grenze des Nationalparks. Der Strom überflutet regelmä-

ßig das Grasland und die Waldgebiete der Schutzzonen. In der Sprache der Shona bedeutet »Mana« vier. »Mana Pools« bezeichnet daher die vier Wasserbecken des Sambesi. In dieser fruchtbaren Landschaft ist eine Vielzahl von Tieren beheimatet: 400 Vogelarten bevölkern die Wälder, Tausende von Elefanten streifen durch das Gebiet. Büffel- und Zebraherden verheißen reiche Beute für Raubkatzen wie Leoparden und Geparden.

Auf einen Blick

Lage: Norden des Landes, Region Mashonaland West, Urungwe-Distrikt
Größe: 2500 km^2
Gründung: 1975
UNESCO-Weltnaturerbe: seit 1984
zimparks.org/parks/national-parks/mana-pools

Der Sambesi vom Sonnenauf- bis zum Sonnenuntergang. Der Anblick dieser unberührten Natur bedingt unwillkürlich ein Gefühl der Demut.

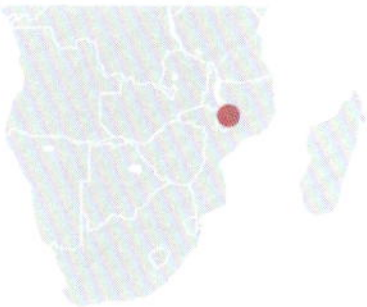

LAKE CHILWA WETLAND
UNESCO-Biosphärenreservat

Die Trocken- und Laubwälder rund um den Lake Chilwa gehören zu den ältesten in Malawi. Der See selbst besteht aus offenem Wasser, Sumpf und Überschwemmungsgebiet. Welche Ausmaße jeder dieser Teile annimmt, hängt von der Jahreszeit und damit verbundenen saisonalen Schwankungen ab; im vergangenen Jahr war der See achtmal komplett ausgetrocknet und ebenso oft wieder gefüllt. Für die Vogelwelt sind der See und seine dazugehörigen Feuchtgebiete mit ihren tropischen Klimaverhältnissen wichtiger Lebensraum. 164 verschiedene Arten wurden im Reservat gezählt, wobei einige als Zugvögel das Gebiet nur saisonal bewohnen.

Auch der Nördliche Felsenpython bevorzugt ein Leben in Sumpfgebieten (oben), ebenso wie die Pelikane (oben rechts).

Auf einen Blick

Lage: Süden des Landes nahe der östlichen Grenze zu Mosambik
Größe: 2400 km^2
Anerkennung als UNESCO-Biosphärenreservat: 2006

Wer den höchsten Gipfel Zentralafrikas erklimmt, den 3002 Meter hohen Sapitwa, kann seinen Blick über die schroffen Granitfelsen des Mount Mulanje schweifen lassen. Das imposante Gebirgsmassiv durchziehen tiefe Schluchten und Flüsse, die sich in Wasserfällen in die Tiefe stürzen. In den steilen Felswänden brüten viele der über 600 Vogelarten der Region; einige von ihnen sind in ganz Südafrika nur hier im Mulanje-Gebirge

Weite Ebene, aus der sich unvermittelt riesige Berge erheben: Das Mulanje-Gebirgsmassiv entstand durch vulkanische Aktivität unter der Erdkruste. Die Oberfläche erodierte, zurück blieben harte Granitfelsen.

MOUNT MULANJE
UNESCO-Biosphärenreservat

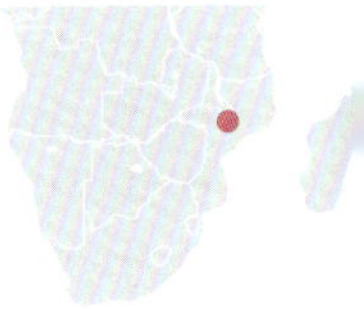

zu finden. Besonders spektakulär ist die rund 800 Meter hohe, beinahe senkrechte Westwand des Chambe-Gipfels. Regenwolken bleiben meist am hohen Bergmassiv hängen und bescheren der Region häufigen Niederschlag. Auf dem Weg hinab ins Tal durchwandert man uralte Wälder voller Mulanje-Zedern, die zum Nationalbaum Malawis erklärt wurden und im Biosphärengebiet besonderen Schutz erfahren.

Auf einen Blick

Lage: Südwesten des Landes, nahe der Grenze zu Mosambik
Größe: 451,3 km^2
Anerkennung als UNESCO-Biosphärenreservat: 2000

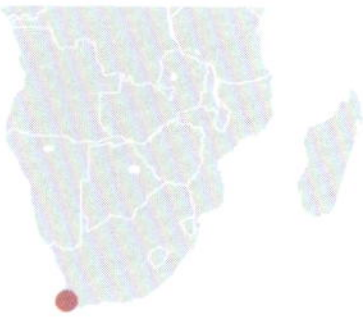

TABLE MOUNTAIN
Nationalpark | UNESCO-Welterbe

Weltweit einzigartig ist die Lage des 1998 gegründeten Tafelberg-Nationalparks, gehört doch das Gros seiner 25 000 Hektar zum Gebiet der Millionenmetropole Kapstadt. Die Bergkette erstreckt sich vom Signal Hill im Norden bis zum Kap der Guten Hoffnung im Süden. Schroffe Klippen und steile, von Sandsteinhöhlen durchzogene Berghänge prägen das Nationalparkareal ebenso wie üppige, immergrüne Wälder und artenreicher Fynbos mit

Proteen. Mit ihrer weltweit einzigartigen Pflanzenvielfalt gehört die Gegend am Kap zum Weltnaturerbe. Auf einer Fläche von nur 0,04 Prozent des afrikanischen Kontinents sind hier 20 Prozent der gesamten afrikanischen Flora beheimatet. Zur Tierwelt des Parks zählen vor allem verschiedene Antilopenarten, Affen, Strauße und Zebras, in den Küstengewässern leben Delfine. Auch Wale, Seehunde und Pinguine können beobachtet werden.

Auf einen Blick

Lage: Südwesten des Landes, Provinz Westkap, Kapstadt
Größe: 221 km^2
Gründung: 1998
UNESCO-Weltnaturerbe: seit 2004
www.sanparks.org/parks/table_mountain

Der Table Mountain National Park (früher: Cape Peninsula National Park) wurde 1998 ins Leben gerufen, um die einzigartige Natur rund um die Tafelbergkette zu schützen, vor allem die Fynbos-Flora.

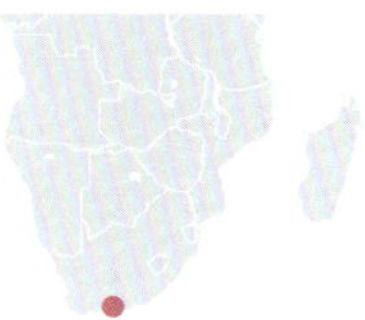

GARDEN ROUTE
Nationalpark | UNESCO-Biosphärenreservat

Eine Landschaft so üppig wie ein Garten: Die Garden Route gehört zu den beliebtesten Gebieten, die man in Südafrika bereisen kann. Die Vielfältigkeit der Region, die sich entlang der Südostküste von Mossel Bay bis zum Storm River zieht, ist beeindruckend. Lagunen, Seen und Flüsse bereichern die schmale Küstenregion, an deren teilweilse einsam gelegene Sandstrände dichte Urwälder heranreichen. Entlang der Garden Route liegen mehrere Naturschutzgebiete, die teils die großen Wildtiere Afrikas beheimaten, teils eine artenreiche Unterwasserwelt erhalten. Auch kulturelle Denkmäler schützt die Biosphärenregion. So können Reisende uralte Bergpässe betreten, die manchmal noch auf ehemalige Trampfelpfade von Elefanten zurückgehen.

Oben: Aloepflanzen blühen entlang der Garden Route.

Auf einen Blick

Lage: Süden des Landes, Provinzen Westkap und Ostkap
Größe: 1210 km² (NP), 6983 km² (BR)
Gründung: 2009
Anerkennung als UNESCO-Biosphärenreservat: 2017
www.sanparks.org/parks/garden_route

Üppiges Südafrika: Der Blick auf den Ozean nahe der Stadt Knysna (großes Bild oben) und die schroffe Felsküste im Tsitsikamma-Nationalpark (großes Bild unten).

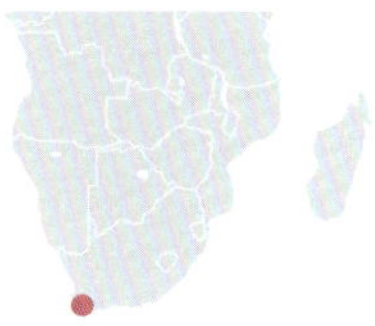

CAPE WINELANDS
UNESCO-Biosphärenreservat

Nordöstlich von Kapstadt beginnt eine ganz besondere Gegend: Die Weinregion des Kaplandes schmiegt sich an die Ausläufer des Escarpment. Die oft starken Winde an der Küste kommen nur noch sehr abgeschwächt an, und die fruchtbaren Böden und geschützten Täler sorgen für ideale Bedingungen, um gute Rot- und Weißweine zu produzieren. Im Schutzgebiet hat sich ein einzigartiges Zusammenleben zwischen Mensch und Natur ge-

formt, das auch die UNESCO gewürdigt hat, indem sie die Region 2007 als Biosphärenreservat ausgerufen hat. Viele der Bauernhöfe in dieser Region blicken auf holländische Traditionen zurück und geben so ein einzigartiges Zeugnis der südafrikanischen Geschichte. Sie reicht zurück in das Jahr 1652, als die Dutch East India Company hier einen Handelsposten errichtet hat, um die Flotte, die nach Indien weiterreiste, zu versorgen. In der Folge ließen sich Siedler nieder und erkannten schnell, dass die Gegend ein optimales Weinbaugebiet ist. Heute finden sich dort nicht nur viele alte Weingüter, sondern auch ein einzigartiges Naturschutzgebiet mit allein sieben Flüssen.

Auf einen Blick

Lage: Südwesten des Landes, Provinz Westkap, rund 40 km östlich von Kapstadt
Größe: 3220,3 km^2
Anerkennung als UNESCO-Biosphärenreservat: 2007

Unbeweglich sitzt der Pavian auf einer Bergkuppe und überblickt die Landschaft. Was er wohl denken mag in Anbetracht der rapiden Veränderungen, denen sein Lebensraum unterworfen ist?

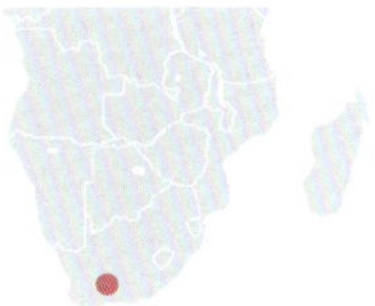

KAROO
Nationalpark

Dem Schutz der besonderen Flora der Karoo und der Wiedereinführung früher hier lebender Wildarten hat sich der 1979 gegründete Karoo-Nationalpark bei Beaufort West verschrieben. Die extensive Weidewirtschaft der Schaf- und Ziegenfarmer hatte das empfindliche Gleichgewicht der Großen Karoo so stark geschädigt, dass sie sich in karge Wüstenlandschaft zu wandeln drohte. Im Nationalpark haben Sukkulenten und die charakteristischen Bossies, die Karoo-Büsche, die Möglichkeit, sich von der Beweidung zu erholen. Auf rund 80000 Hektar finden sich verschiedene Vegetationsformen, wie sie für die tiefer gelegenen Ebenen, aber auch für die bis 1911 Meter hohen Nuweveldberge typisch sind. Kuhantilopen, Weißschwanzgnus, Elenantilopen, Kudus, Oryxantilopen, Springböcke und Steppen- sowie Bergzebras sind im spärlich bewachsenen Land leicht zu erspähen.

Auf einen Blick

Lage: Provinz Westkap, nahe der Stadt Beaufort West
Größe: 768 km^2
www.sanparks.org/parks/karoo

Zähe Tiere fühlen sich in der 500 000 Quadratkilometer großen Halbwüste wohl, deren Name sich passenderweise vom Wort der San für »trocken« ableitet.

Die kräftigen Farben Afrikas leuchten, während sich der Himmel bewölkt. Eine Herde Blessböcke harrt geduldig dem, was da kommt.

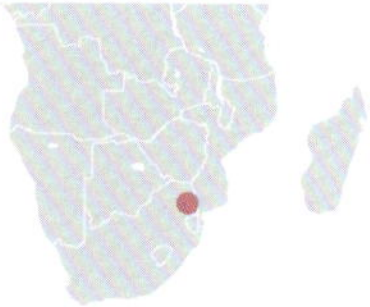

BLYDE RIVER CANYON
Naturreservat

Tom Bourke, nach dessen »Glück« das Naturschauspiel der Bourke's Luck Potholes benannt ist, hat hier erfolglos nach Gold geschürft. Er lag aber richtig in der Annahme, dass hier in der Region die Bodenschätze schlummern.

Es ist kein Zufall, wenn man sich in den gewaltigen Schluchten des Blyde River Canyon an J. R. R. Tolkiens »Mittelerde« erinnert fühlt, an die Heimat von Feen und Drachen, an die Schauplätze der ewigen Schlachten zwischen dem Bösen und dem Guten. Denn keine andere Landschaft hat den Autor des »Der Herr der Ringe« stärker inspiriert als der imposanteste Canyon Südafrikas. Auf einer Länge von 26 Kilometern hat sich der Blyde River bis zu

800 Meter tief in den roten Sandstein der Drakensberge gegraben und so einen Spalt geschaffen, der zu den größten Naturwundern im südlichen Afrika zählt. Doch im Gegensatz zu anderen Schluchten dieser Größe liegt hier kein totes, trockenes Land, sondern ein subtropischer Garten Eden voller Pflanzen und Tiere. Fische, Antilopen, Krokodile, Nilpferde, Affen und Adler leben hier zwischen den Felswänden.

Auf einen Blick

Lage: Norden des Landes, im Osten der Provinz Mpumalanga, Region Drakensberg
Größe: 290 km^2
Gründung: 1965
www.mpumalanga.com/our-provincial-parks/blyde-river-canyon-nature-reserve

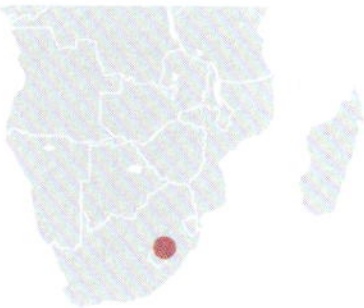

DRAKENSBERGE
UNESCO-Welterbe

Eine wilde und verwunschene Landschaft: Sind es vielleicht gar keine Felsen, sondern die Rücken schlafender Drachen, die sich hier in den »Drachenbergen« zur Ruhe gelegt haben?

Auf einer Länge von mehr als 1000 Kilometern bilden die Drakensberge den Übergang vom südafrikanischen Binnenhochland zur Ostküste. Ihr nördlicher Teil, die Transvaal-Drakensberge, stehen als »Blyde River Canyon Nature Reserve« unter Naturschutz; die südliche Region heißt »Natal-Drakensberge« und fasziniert mit imposanten, über 3000 Meter hohen Bergriesen und verschwiegenen Seen, die seit dem Jahr 2000 zum UNESCO-Weltnaturerbe zählen. Unter dem Namen »uKhahlamba Drakensberg Park« wurden sie zum Nationalpark

erklärt. Größter Schatz sind die Felsbilder der San. Mehr als 35 000 Gravuren und Malereien wurden bislang entdeckt. Das Kerngebiet ihrer Kunst ist das Giant's Castle Game Reserve: Über 500 Darstellungen von Wild, Jagdszenen, aber auch von schamanistischen Zeremonien entdeckte man allein an einer Fundstätte.

Auf einen Blick

Lage: Südwesten Südafrikas und Königreich Lesotho, Nationalpark uKhahlamba-Drakensberg in Südafrika und Nationalpark Sehlathebe in Lesotho
Größe: 2493,13 km^2
UNESCO-Weltnaturerbe: seit 2000

TUGELA FALLS UND TUGELA CANYON

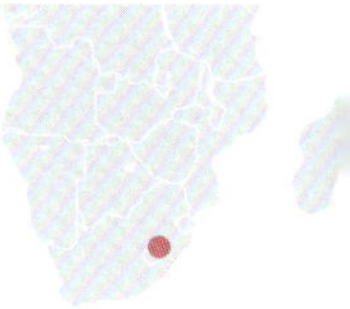

Wanderer werden in dieser Region Zeugen eines der gewaltigsten Naturspektakel Südafrikas. In der Liste der höchsten Wasserfälle der Erde belegen die Tugela Falls (948 Meter) nach dem Salto Ángel (979 Meter) in Venezuela den zweiten Rang. Gespeist werden sie vom Tugela River, der im Mount-Aux-Sources entspringt. Auf dem Weg zu den Wasserfällen kommt man am Mont-aux-Soucres (3282 Meter), am Sentinel (2165 Meter) und am Eastern Buttress (3047 Meter) vorbei. Für Nervenkitzel sorgen zwei an den Felsen angebrachte Eisenleitern, die es 60 Meter nach oben zu erklimmen gilt. Wem die Leitern zu wackelig sind, der nimmt einen alternativen Aufstieg über »The Gully«, ein mehrere Hundert Meter langes Geröllfeld, zum Plateau. Oben wandert man noch etwas, bis man die Wasserfälle erreicht, doch jegliche Anstrengung zahlt sich aus: Der Ausblick über die Drachenberge ist einmalig.

Der Tugela River stürzt sich über die Felskante, fällt in die Tiefe und schlängelt sich, unten angekommen, durch die Landschaft.

Auf einen Blick

Lage: Osten des Landes, Westen der Provinz KwaZulu Natal, in den nördlichen Drakensbergen, Teil des Royal Natal National Park
Höhe: 948 m

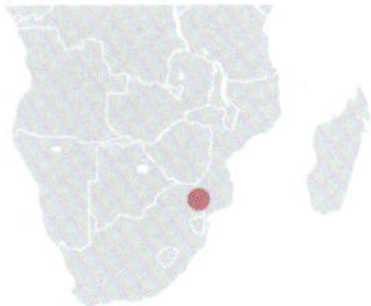

KRUGER
Nationalpark

Der Krüger-Nationalpark ist das beliebteste Touristenziel Südafrikas und ein wichtiger Devisenbringer: Im Jahr 1898 wurde das vielleicht tierreichste Schutzgebiet des Schwarzen Kontinents eingerichtet; etwa 2000 Kilometer Pisten und Teerstraßen erschließen die knapp 20 000 Quadratkilometer große Wildnis, mehr als 20 »Rest Camps« – vom einfachen Zeltlager bis zum Luxuscamp – bieten Unterkunft. Von den Dornbuschsavannen des Nordens wird die Vegetation nach Süden hin immer dichter: Mopanewälder, weite, grasbestandene Ebenen und dichte Akazienhaine sind der Lebensraum von Breit- und Spitzmaulnashörnern, Elefanten, 17 verschiedenen Antilopenarten und 1500 Löwen. Büffel wandern durch den Busch, Giraffen knabbern an den Blättern einer Schirmakazie und die mit mehr als 500 Arten überaus reiche Vogelwelt sorgt für ein unterhaltsames Konzert.

Auf einen Blick

Lage: Südwesten des Landes, Provinzen Limpopo und Mpumalanga
Größe: 19 624 km²
Gründung: 1898
www.krugerpark.co.za

Eine Löwin hat sich auf einen Baum zurückgezogen und ruht sich aus. Trotzdem bleibt sie stets wachsam. Ein ausgewachsenes Spitzmaulnashorn hat keine natürlichen Feinde in seinem Lebensraum und kann es gemütlich angehen.

Der Levuvhu River fließt als breiter Strom durch den Krüger-Nationalpark.

AMERIKA

Nord- und Südamerika beherbergen einzigartige Wildnisse und ursprüngliche Naturlandschaften. Kanada, der zweitgrößte Staat der Welt, hat nicht einmal halb so viele Einwohner wie Deutschland. Umso mehr zieht er Besucher an, die seine einzigartigen Landschaften und deren Einsamkeit schätzen. Um Flora und Fauna der USA zu erhalten, gründeten Visionäre schon im Jahr 1872 mit Yellowstone den ersten Nationalpark der Welt. Tropische Regenwälder und trockenste Wüsten, vergletschertes Hochgebirge und gigantische Wasserfälle – all das findet sich in der südlichen Hälfte des Doppelkontinents.

Eindrucksvoll beweist diese Luftaufnahme der Iguaçu-Fälle, wie sehr Wasser und Leben verknüpft sind. Rund um die Riesenkaskaden hat sich eine dichte Vegetation gebildet, viele endemische Arten fühlen sich hier wohl.

PACIFIC RIM
Nationalpark

Gebleichtes Treibholz am South Beach: So ähnlich sah die Küste wohl aus, als 1778 Captain James Cook hier ankerte. Bis heute schweift hier der Blick über eine unverbaute Landschaft in die Ferne.

Direkt an den Rand des Pazifiks grenzt der gleichnamige Nationalpark und zieht sich 130 Kilometer an der Westküste von Vancouver Island entlang. Bereits im Jahr 1970 gegründet, wurde er 2001 zu einem Reservat, in dem auch die indigene Bevölkerung der Region – vor allem die Nuu-chah-nulth – mitbestimmt. Direkt am Meer ist das Klima kühl und feucht, so entstand unter riesigen Sitka-Fichten mit Farnen und Moos ein üppiger Regenwald. Große Wale ziehen im Frühjahr und Herbst vorbei, was für viele Reisende einen Höhepunkt markiert. Die meisten Besucher tummeln sich im Norden des dreiteiligen Parks, am Long Beach bei Tofino, wo weitläufige Sandstrände und Waldwege zum Spazieren einladen. Weiter südlich liegen wie hingewürfelt die Broken Group Islands. Wanderer schätzen den 75 Kilometer langen West Coast Trail als eine der besten Trekkingrouten weltweit.

Der Nationalpark gliedert sich in drei durch Wasser voneinander getrennte Regionen: Long Beach im Süden des Clayoquot Sound, die Broken Islands Group, rund 100 Inselchen im Barkley Sound, und den West Coast Trail.

Aus grünen Nadelwäldern mit saftigen Farnen strömt Wasser am West Coast Trail breit ins Meer. Dieser im südlichsten Teil des Nationalparks, zwischen den Städten Bamfield und Port Renfrew an der Küste verlaufende Trail war ursprünglich ein Rettungspfad für Schiffsbrüchige und wurde als solcher bereits im Jahr 1907 angelegt. Je nach Wetterlage ist dies nicht nur einer der schönsten Trekkingpfade weltweit, sondern auch einer der härtesten.

Auf einen Blick

Lage: an der Westküste von Vancouver Island vor der Küste von British Columbia
Größe: 511 km^2
Gründung: 1970
www.pc.gc.ca/en/pn-np/bc/pacificrim

JASPER

Nationalpark | UNESCO-Welterbe

Kanada wie im Bilderbuch: Der Jasper-Nationalpark in den Rocky Mountains gehört zu den beliebtesten Reisezielen des nordamerikanischen Kontinents. Innerhalb seiner Grenzen liegen mehr als 800 Seen, die zumeist von den umliegenden Gletschern gespeist werden. Der Beauvert Lake, ein jadegrüner Gletschersee, befindet sich in unmittelbarer Nähe der Stadt Jasper. An seinem Ufer entstand die Jasper Park Lodge, ein erfolgreiches Konkurrenzunternehmen der ehemaligen Grand Trunk Railroad zum Banff Springs Hotel im Nachbarpark. Jasper ist weniger überlaufen als Banff, und auf den Trails im Hinterland erlebt man noch weitgehend ungestört die eindrucksvolle Natur. Eine Bergbahn erschließt den viel besuchten Whistler Mountain für eine atemberaubende Rundsicht. Zahlreiche Trails führen in die einsame, unvergleichlich schöne Wildnis am Maligne Lake.

Auf einen Blick

Lage: in den Rocky Mountains, bei der Provinzhauptstadt Edmonton in Alberta
Größe: 10 878 km²
Gründung: 1907
UNESCO-Weltnaturerbe: seit 1984 (zusammen mit den Nationalparks Banff, Yoho und Kootenay)
www.pc.gc.ca/en/pn-np/ab/jasper

Vom Goat-Aussichtspunkt blickt man ins Athabasca-Tal und bekommt einen Eindruck von der enormen Ausdehnung des Areals: Der Jasper-Nationalpark ist größer als seine drei Nachbarparks Banff, Yoho und Kootenay.

Der Wasserstand des auf 1436 Meter Höhe gelegenen, hauptsächlich von Gletschern gespeisten Medicine Lake schwankt beträchtlich. Seine höchsten Pegelstände erreicht er im Sommer, wenn der Schmelzwasserzufluss die über ein unterirdisches Flusssystem mögliche Abflussmenge übersteigt.

BANFF

Nationalpark | UNESCO-Welterbe

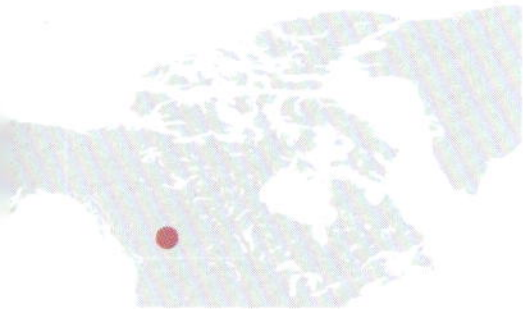

Der im Jahr 1887 gegründete 6641 Quadratkilometer große Banff-Nationalpark liegt an der westlichen Grenze von Alberta und gehört seit 1984 zu dem von der UNESCO als »Kanadische Rocky Mountains« zusammengefassten Erbe der Welt. Ein guter Ausgangspunkt für Exkursionen im Park ist der im Tal des Bow River gelegene Ort Banff, der auch für seine Thermalquellen bekannt ist. Die wärmste davon entspringt etwa vier Kilometer südlich von Banff im Sulphur Mountain. Westlich von Banff bilden drei Seen im Überschwemmungsgebiet des Bow River die Vermilion Lakes. Der sich darüber erhebende Mount Rundle ist ein beliebtes Kletterrevier. Der Ha Ling Peak, bis 1997 »Chinaman's Peak« genannt, trägt nun den Names eines chinesischen Kochs der Canadian Pacific Railway, der 1896 erfolgreich gewettet haben soll, den Berg innerhalb von zehn Stunden besteigen zu können.

Auf einen Blick

Lage: in der Provinz Alberta, nächstgrößere Stadt ist Banff
Größe: 6641 km^2
Gründung: 1885
UNESCO-Weltnaturerbe: seit 1984
banffnationalpark.com

Der Ausblick auf den Moraine Lake vom sogenannten Rockpile ist eines der am häufigsten fotografierten Motive Kanadas. Es zierte auch die 20-Dollar-Banknote Kanadas aus dem Jahr 1969.

Der Peyto Lake liegt am Rande des Icefield Parkway und schmiegt sich wie ein türkisgrüner Edelstein ins Tal, als hätte jemand seine Konturen geschliffen. Gespeist wird der See vom Schmelzwasser der umgebenden Gletscher.

DENALI
Nationalpark

Zu Beginn des 20. Jahrhunderts waren Tausende Glücksritter in das Gebiet des heutigen Nationalparks gekommen – auf der Suche nach Gold. Sie gruben in Flussläufen und Bachbetten, holzten rücksichtslos Bäume ab, hinterließen ihren Müll und dezimierten das Wild, denn die vielen Menschen mussten sich ernähren. Wildschutzvorschriften gab es damals noch keine, Naturschutz war unbekannt.
Bis Charles Sheldon, ein Naturforscher, auf den Plan trat. Er erkundete mit seinem Begleiter Harry Karstens das Land am Kantishna River; in den Bergen der Outer Range und am Toklat River verbrachte er einen Winter. Seine Begeisterung für die Natur und sein unermüdliches Eintreten für den Schutz dieses Gebiets führte nach etlichen Jahren, erst 1917, zur Gründung des Denali National Park.
Harry Karstens, erster Bezwinger des damals noch Mount McKinley heißenden Bergs, wurde oberster Parkwächter.

Karibus kämpfen nur zur Zeit der Brunft miteinander, wenn sie mehrere Kühe in ihrem Harem haben und ihre Position verteidigen müssen. Ansonsten sind sie eher friedliche Zeitgenossen.

Auf einen Blick

Lage: in Zentralalaska, unmittelbar westlich der Verbindungslinie von Fairbanks im Norden nach Anchorage
Größe: 24 585 km²
Gründung: 1917
www.nps.gov/dena

Die Taiga, der boreale Nadelwald des Nordens, ist die Übergangszone in die Tundra. Hier glühen im Herbst die schönsten Farben vor den weißen Höhenzügen der Alaska Range.

Polychrome Pass

Von hier genießt man einen faszinierenden Ausblick auf die umliegenden Berge. Durch oxidiertes Eisen sowie andere Mineralien weisen die Felsen intensive Farbtöne von Orange bis Rostrot auf.

Toklat River

Am Toklatfluss überwinterte 1907/08 der Naturforscher Charles Sheldon in einer Hütte. Er war so eingenommen von der Landschaft, dass er für den Schutz der von Raubbau bedrohten Natur jahrelang kämpfte.

Wonder Lake

Der von Weiden und Erlen umgebene See erstreckt sich in Nord-Süd-Richtung über fast sechs Kilometer. Mit Glück sieht man Elche, die hineinwaten, um sich an den Wasserpflanzen gütlich zu tun.

KENAI FJORDS
Nationalpark

Schon vom Flugzeug aus sieht man die zerklüfteten Fjorde: Gewaltige Eismassen bedecken das gut 2700 Quadratkilometer große Gebiet des im Jahr 1980 gegründeten Nationalparks. Das Harding Icefield ist ein Überbleibsel aus der Zeit, als Alaska noch zur Hälfte von einer dicken Eisschicht bedeckt war. Die dort aufragenden Bergspitzen werden von den Inuit »Nunataks« genannt, »einsame Berggipfel«. Der überwiegende Teil des Parks besteht aus üppiger Natur mit sagenhaftem Tierreichtum. Über 9000 Elche, viele Karibus, Bergziegen, Kojoten, Bären, Luchse, Biber und auch wieder Wölfe bevölkern den Park. Im Meer tummeln sich Delfine, Buckelwale und Orcas. Seelöwen, Robben und Seeotter beleben zusammen mit über 100 bunten Seevögeln die Küstengewässer. Die Flüsse und Seen mit ihren Lachsen und Forellen sind ein Anglerparadies.

Auf einen Blick

Lage: der kleinste Nationalpark Alaskas liegt südlich von Anchorage auf der Kenai-Halbinsel am südöstlichen Rand, hier greift der Golf von Alaska ins Land, bildet Fjorde und stille Buchten
Größe: 2700 km^2
Gründung: 1980
www.nps.gov/kefj

Von den Kenai-Bergen fließt an vielen Stellen das Gletschereis, große Teile des Parks sind von Eis bedeckt. Besonders eindrucksvoll kann man das am Harding Icefield erleben, dem man auf einem Trail nahe kommen kann.

In den Fjorden des Nationalparks zeigt die Natur ihre ganz große Tiershow: Wale, Robben, Seelöwen und -otter kann man in freier Wildbahn beobachten.

WRANGELL-ST. ELIAS
Nationalpark | UNESCO-Welterbe

Diese Wildnis im südöstlichen Alaska sucht ihresgleichen: Zusammen mit dem kanadischen Kluane-Nationalpark, der jenseits der Grenze im Yukon-Territorium liegt, wird Wrangell-St. Elias seit 1980 als größter Nationalpark der USA von der UNESCO als Weltnaturerbe geführt. Zudem ist er auch einer der schönsten mit der größten Ansammlung hoher Berge, darunter der Mount St. Elias – mit 5489 Metern der zweithöchste Berg der USA nach dem Denali (6194 Meter). In diesem Naturschutzgebiet bilden mehr als 100 Gletscher das größte Eisfeld südlich des Polarkreises. Die Landschaften sind geprägt von einer verwegenen Bergwildnis mit eindrucksvollen Schluchten und reißenden Flüssen, in der es außer den beiden historischen Minenstädten McCarthy und Kenicott kaum menschliche Spuren gibt. Zur Zeit des Kupferbooms war das anders.

Farbenstarke Malerei – schneebedeckte Gipfel und türkis schimmernde Gletscherabbruchkanten (linke Seite) sowie ein Sonnenuntergang im Kuskulana Canyon von der McCarthy Road aus gesehen (unten).

Neben Steinadlern und Wanderfalken nisten hier auch eine ganze Reihe von Eulen (ganz links). In der nahezu unberührten Wildnis des Nationalparks leben Großtiere wie Bären, Elche, Schneeziegen und seltene Dall-Schafe, aber auch Kleinnager wie Lemminge (links).

Auf einen Blick

Lage: im Südosten Alaskas an der kanadischen Grenze; es gibt zwei Straßen, die zu den historischen Minenstädten führen
Größe: 52 600 km²
Gründung: 1980
UNESCO-Weltnaturerbe: seit 1979
www.nps.gov/wrst

CROWN OF THE CONTINENT

UNESCO-Biosphärenreservat | UNESCO-Welterbe

Gletscher über Gletscher, wenngleich sie im Gegensatz zur Eiszeit nur noch einen winzigen Teil bedecken. Doch das hat Pflanzen und Tieren einen einzigartigen Naturraum eröffnet, auch deshalb heißt diese Region hoch in den Rocky Mountains »Krone des Kontinents«. Seit 1910 als Gebirgslandschaft geschützt, grenzt sie direkt an den kanadischen Waterton-Lakes-Nationalpark und gehört zum UNESCO-Weltnaturerbe. Für die hier ansässigen Schwarzfußstämme hatten die Berge auch mystische Bedeutung, allen voran der quadratisch aufragende Chief Mountain. Die ganze Gebirgskette galt den Ureinwohnern als Rückgrat des Kontinents. Hier sind Flora und Fauna weitgehend intakt, Arten wie Grizzly und Luchs, Schneeziege, Pfeifhase und Silberdachs heimisch, neben rund 250 Vogelarten. Wer nicht wandert, kann den Park auch im historischen roten Tourbus erobern.

Heimisch fühlen sich im Reservat Rotluchs, Puma, Grizzlybären, der Amerikanische Pfeifhase, das Weißschwanz-Schneehuhn und Grauwölfe (kleine Bilder im Uhrzeigersinn von links oben).

Stimmungsvoll spiegelt sich die aufgehende Sonne im Swiftcurrent Lake (großes Bild), eine Weißwedelhirsch-Familie blickt aufmerksam um sich (links).

Auf einen Blick

Lage: in den Rocky Mountains im Nordwesten Montanas und grenzt direkt an Kanada
Größe: 4100,56 km²
Anerkennung als UNESCO-Biosphärenreservat: 1976
UNESCO-Weltnaturerbe: seit 1995

YOSEMITE
Nationalpark | UNESCO-Welterbe

Great Yosemite Valley

Das zentrale Tal des Nationalparks suchen jährlich viele Besucher auf, weil dort die meisten Attraktionen zu finden sind: Nicht nur der berühmte Tunnel View, der Blick auf die beiden Riesen El Capitan und Cathedral Rock, auch der Half Dome, die Yosemite Falls und die Snow Creek Falls warten auf Entdeckung.

El Capitan

Dieser 2307 Meter hohe Felsvorsprung an der Nordseite des Tals ist eines der Wahrzeichen des Parks. Er zieht mit seinen fast senkrecht abfallenden Wänden Freikletterer an, kann aber auch auf einem einfachen Wanderweg erklommen werden. Wagemutige machen sogar einen Basejump vom Gipfel hinab.

Yosemite Falls

Sie zählen zu den höchsten Wasserfällen Nordamerikas. Aus 739 Metern schießt das Wasser der Upper Falls ins Tal; kleinere Kaskaden und die Lower Falls folgen. Zu Letzteren führt ein einfacher Weg, weshalb sie gut besucht sind. Wer die oberen Fälle von Nahem sehen will, folgt dem Pfad von der Tioga Road aus.

Tenaye Lake

Dieser Bergsee befindet sich auf 2484 Metern in den höheren Lagen des Nationalparks zwischen dem Yosemite Valley und den Tuolumne Meadows. Das »Jewel of the High Country« lädt im Sommer ein zum Kajaken, Bootfahren und Schwimmen; ansonsten lässt es sich dort auch herrlich wandern.

Auf einen Blick

Lage: an den westlichen Hängen der Sierra Nevada im US-Bundesstaat Kalifornien
Größe: 3027 km^2
Gründung: 1890
UNESCO-Weltnaturerbe: seit 1984
www.nps.gov/yose

Großes Bild: Panorama des Yosemite Valley mit El Capitan und Cathedral Spires vom Tunnel View aus gesehen.

Der Yosemite-Nationalpark gehört zu den eindrucksvollsten und beliebtesten Naturschutzgebieten des amerikanischen Westens und wird vor allem im Sommer viel frequentiert. Besonders im Yosemite Valley, mitten in einem der waldreichsten Gebiete der Sierra Nevada gelegen, tummeln sich die Besucher. Der malerische Merced River durchfließt das Talbecken. Bis zu 1500 Meter ragen die Granitwände der umliegenden Felsen empor.

»O-ha-mi-te« nannten die Indianer das zauberhafte Tal: das »Tal der Bären«. Daraus wurde dann schließlich Yosemite. Der Gedanke, das Yosemite Valley unter Naturschutz zu stellen, kam schon Frederick Law Olmsted, Schöpfer des New Yorker Central Park. Aber erst der Naturschutzpionier John Muir brachte die Regierung 1890 dazu, den Yosemite National Park zu gründen. Sein Name steht auch für den Schutz der Mammutbäume.

DEATH VALLEY
Nationalpark

Das berühmt-berüchtigte Death Valley, das »Tal des Todes«, erstreckt sich ganz im Osten Kaliforniens auf einer Fläche von rund 13 000 Quadratkilometern. Es umfasst die Wüstentäler zwischen der Panamint und der Amargosa Range. Im Sommer werden dort Temperaturen von über 50 Grad Celsius gemessen. Seit 1994 ist das Gebiet Nationalpark. Die ersten Weißen, die das Tal betraten, wären beinahe darin umgekommen. Sie gehörten zu einem Wagenzug, der 1849 zu den Goldfeldern von Kalifornien unterwegs war. Sie nahmen eine vermeintliche Abkürzung und strandeten in der glühenden Hitze. 20 Tage harrten sie aus, dann wurden sie gerettet. »Good-bye, death valley!«, soll einer der Siedler gerufen haben – daher der Name des Tals. Auch heute noch ist bei einer Durchquerung äußerste Vorsicht geboten. Ausreichende Trinkwasservorräte sind lebensnotwendig.

Am tiefsten Punkt Nordamerikas ist man angekommen, wenn man das Badwater-Becken betritt. Eine atemberaubende Aussicht auf das Tal des Todes bietet der Zabriskie Point. Kleines Bild: Wüstenprimel.

Auf einen Blick

Lage: im Osten des US-Bundesstaates Kalifornien an der Grenze zu Nevada
Größe: 13628 km^2
Gründung: 1933 (National Monument); 1994 (Nationalpark)
www.nps.gov/deva

Devil's Golf Course

Auf einer derart zerfurchten Oberfläche könne nur der Teufel Golf spielen, hieß es in der Beschreibung einer Nationalpark-Broschüre von 1934. Vor rund 1000 Jahren gab es hier einen See, Lake Manly, dessen Wasser jedoch verdunstete und lediglich eine Salzkruste hinterließ, die immer wieder von Wetterphänomenen zu neuen skurrilen Formen verändert wird.

Mesquite Flat Dunes

Was wäre schon eine Wüste ohne Dünen? Zwar sind diese hier nicht einmal 100 Meter hoch, dafür sind sie aber die bekanntesten und am leichten zu erreichenden im Norden des Death Valley. Sie erstrecken sich auf einer relativ großen Fläche. In ihren Ausprägungen sind sie mal sichelförmig, mal gerade oder sternförmig.

Artist's Palette

Dies ist eine Farbpalette im wahrsten Sinne des Wortes. Die Hänge der Black Mountains zeigen einen unglaublichen Farbenreichtum, der durch die Oxidation von Metallen im Gestein hervorgerufen wird. Eisen sorgt zum Beispiel für eine rote Farbe, Kupfer für Grün. Die ganze Artist Drive Formation ist vulkanischen Ursprungs.

Golden Canyon

Die wenige Kilometer lange Wanderung in die »Goldene Schlucht« gehört zu den schönsten, die man im Death Valley machen kann. Die Strecke geht stets bergauf und führt durch schmale Gänge und entlang hoher Felswände. In goldenen, rotbraunen und orangefarbenen Tönen schimmert dabei das Gestein des Canyons.

YELLOWSTONE
Nationalpark | UNESCO-Welterbe

Grand Canyon of the Yellowstone

Der fast 400 Meter tiefe Grand Canyon of the Yellowstone im Westen mit seinen Wasserfällen und den großen Bisonherden bietet eine Zeitreise in das Amerika vor der Veränderung durch europäische Eroberer.

Upper Geyser Basin

Die weltweit höchste Konzentration an Geysiren macht das Upper Geyser Basin zu einem Besuchermagnet, nicht zuletzt auch, weil hier der »Old Faithful« zu finden ist. Aber auch die vielen anderen Geysire und farbenfrohen Mud Pots sollte man nicht unbeachtet lassen.

Lower Geyser Basin

Manch ein Besucher behauptet, im Lower Geyser Basin lassen sich alle Kennzeichen Yellowstones auf einem Fleck finden – und damit haben sie nicht ganz Unrecht, zumindest was die Geothermie betrifft: Geysire, heiße Quellen, Sinterterrassen, Fumarolen und Mud Pots zeigen sich hier alle von ihrer besten Seite.

Old Faithful

Die Zuverlässigkeit, mit der Old Faithful, der »alte Getreue«, seine Wassersäule in den Himmel schickt, hat ihn zu einem der berühmtesten Geysire der Welt gemacht, was sich auch in der Zahl der Menschen niederschlägt, die dem Spektakel stündlich zusehen.

Auf einen Blick

Lage: im Nordwesten Wyomings in den Rocky Mountains, geringe Anteile der Fläche erstrecken sich über die Grenze nach Montana und Idaho
Größe: 8983,49 km^2
Gründung: 1872
UNESCO-Weltnaturerbe: seit 1978
www.nps.gov/yell

Die Geothermie schafft wahre Wunder im Yellowstone National Park. Mikroskopisch kleine Lebewesen haben sich an die heißen Temperaturen gewöhnt und geben jetzt einigen Becken die interessanten Farben.

Der 1872 gegründete Yellowstone-Nationalpark ist eine majestätische Wildnis mit Bergen, Flüssen und Seen sowie über 300 Geysiren. Kaltes Wasser sinkt in tiefe Hitzekammern, wird dort aufgeheizt und durch schmale Kanäle an die Oberfläche gepresst. Am verlässlichsten zeigt sich »Old Faithful«, der ungefähr alle 70 Minuten seine kochenden Wassersäulen aus dem Boden schleudert. Der Steamboat Geysir, der 1978 zum letzten Mal ausbrach, ist mit einer Fontäne von über 100 Metern der höchste Geysir der Welt. Schwefelrauch hängt in dichten Schwaden über dem Norris-Geysir-Becken. Weitere Highlights im Park sind der Grand Canyon of the Yellowstone mit den Upper und den Lower Falls sowie dazwischen die weniger bekannten Crystal Falls. Überraschend vielfältig ist auch die Tierwelt: Bisons, Bären und Wapiti-Hirsche wagen sich oft bis an die Straße heran.

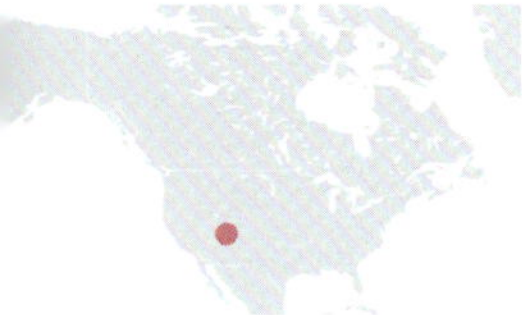

CANYONLANDS
Nationalpark

Die Canyonlands im südlichen Utah gehören zu den aufregendsten Landschaften der Erde. Das heutige Schutzgebiet, das in der ersten Hälfte des 20. Jahrhunderts nur Indianern und geübten Reitern zugänglich war, wurde 1964 zum Nationalpark erklärt. Viele Wanderwege führen in die Schluchten und Täler. Sie erschließen eine märchenhafte Welt aus buntem Gestein. Wie ein grünes Band ziehen sich Green River und Colorado River durch die Felsengebilde. Vom Grandview Point Overlook hat man einen atemberaubenden Ausblick auf die Schluchten der Flüsse, beim Needles Visitor Center beginnen Wege, die an den Nadeln im Süden vorbeiführen. Überall kann man noch die Überreste von Steinhäusern von den Pueblo-Indianer sehen. Im Maze District gibt es viel unberührte Natur zu bewundern, da dieser Teil so abgeschieden liegt, dass kaum Besucher vordringen.

Der Felsbogen Mesa Arch (oben) ist für den Canyonlands-Nationalpark ebenso kennzeichnend wie die Tafelberge und die typisch rote Farbe, die bei Sonnenauf- und -untergang nur noch verstärkt wird.

Island in the Sky

Mit Island in the Sky befindet sich ein dreieckiges Areal im Norden, das sich durch hohe Trockenheit auszeichnet. Wanderwege führen hier zu den schönsten Panoramapunkten, etwa zu The Neck, der einen grandiosen Ausblick auf die Felsformationen und zwei mäandrierende Flüsse offenbart.

White Rim

Kennzeichnend für die Region von Island in the Sky ist vor allem der White Rim, eine fast gleißend weiß leuchtende Gesteinsschicht, die sich als helles Band durch die Felsen zu ziehen scheint und damit einen interessanten Kontrast zu den Rottönen schafft.

Dead Horse Point State Park

Der State Park liegt in direkter Nähe zum Canyonlands-Nationalpark und beeindruckt besonders durch die Aussicht auf den Colorado River, der hier in der Schlucht eine imposante 180 Grad Wende vollzieht. Mehrere Filmszenen wurden hier bereits gedreht.

The Needles

Stolz aufgerichtet und malerisch gestreift präsentieren sich The Needles. Besonders schön zeigen sie sich etwa im Chesler Park, und ein empfehlenswerter Wanderweg im Bereich The Needles ist vor allem der Confluence Overlook Trail, von dem man aus den Zusammenfluss von Colorado River und Green River gut sieht.

Angel Arch

Man wird es wohl kaum anders sagen können – der Angel Arch ist ausgesprochen fotogen, auch wenn er nicht der einzige Felsbogen im Canyonlands-Nationalpark ist. Seinen Namen verdankt er der Form, die wie ein Engel im Profil aussieht, mit langem Kleid, Flügeln und einem sanft gesenkten Kopf.

Auf einen Blick

Lage: zum Staat Utah gehörend, mittig zwischen der Interstate 70 und der Grenze zu Arizona, nahe der Stadt Moab
Größe: 1365 km^2
Gründung: 1964
www.nps.gov/cany

BRYCE CANYON
Nationalpark

Dass die Natur mitunter die schönsten und gleichzeitig bizarrsten Dinge gestaltet, daran wird wohl kaum einer zweifeln, wenn er den Bryce Canyon besichtigt. Rot, gestreift und erhaben: Das sind die Hoodoos, die spektakulären Säulen aus Kalkstein.

Orgelpfeifen gleich erheben sich die roten Felstürme des Bryce Canyon aus dem steinigen Boden. Die farbenprächtigen Kalksteinformationen, von Wind und Wetter in Jahrmillionen geschaffen, tragen fantasievolle Namen wie Thor's Hammer, Queen's Castle, Gulliver's Castle, Hindu Temples und Wall Street. Nirgendwo sonst, nicht einmal im Grand Canyon, war die Natur so launisch wie hier. John Wesley Powell erforschte den Canyon als erster Weißer um das Jahr 1870. Seinen Namen verdankt der spätere Nationalpark Ebenezer Bryce, der im Bryce Canyon eine Ranch errichtete, aber schon bald nach Arizona weiterzog, weil er in den verwinkelten Schluchten manchmal wochenlang nach seinen Rindern suchen musste. Seit 1924 ist der einzigartige Bryce Canyon mit seinem bizarren Wald aus Sandsteinsäulen ein National Monument, vier Jahre später bekam er den Status als Nationalpark.

Über 30 Kilometer erstreckt sich der Rand des Paunsaugunt-Plateaus, in den Wind und Wetter zahllose Felssäulen – die Hoodoos – gefressen haben. Hier fallen auch eine Million Besucher pro Jahr kaum auf.

Auf einen Blick

Lage: im Süden Utahs zwischen dem Naturschutzgebiet Grand Staircase-Escalante und dem Zion-Nationalpark gelegen; im Norden die Ortschaft Bryce mit Unterkünften
Größe: 145 km^2
Gründung: 1928
www.nps.gov/brca

GLEN CANYON
Naturschutzgebiet

Einst ein Canyon, heute eine Wasserlandschaft: Der aufgestaute Colorado River ist 1964 im Grenzgebiet von Utah und Arizona zum Lake Powell geworden. Bei höchstem Wasserstand ist der Stausee fast 300 Kilometer lang. Er schafft mit sehr vielen Seitenarmen eine Uferlandschaft von mehr als 3150 Kilometern – mitten in der ansonsten trockenen Wüste. Daraus ist ein Naturschutz- und Erholungsgebiet mit fast zwei Millionen Besuchern im Jahr entstanden, direkt im Süden schließt der Grand Canyon an. Pittoreske Sandsteinformationen ragen hier hoch aus dem Wasser, Motorboote, Hausboote oder Kanus sind darauf unterwegs. Und so ist auch die beliebteste Sehenswürdigkeit am besten vom Wasser aus zu erreichen – die 88 Meter hohe Rainbow Bridge, größte natürliche Steinbrücke der Welt und bei den einheimischen Navajos ein Heiligtum.

Kurz könnte man auf die Idee kommen, man überblicke schwedische Schäreninseln, doch die flachen Sandsteinplateaus geben den Hinweis auf die Lage im Südwesten Amerikas.

Auf einen Blick

Lage: die Staaten Utah und Arizona teilen sich das Schutzgebiet um den Lake Powell und den Lower Cataract Canyon; der flächenmäßig weitaus größere Teil liegt dabei in Utah
Größe: 5076 km^2
Gründung: 1972
www.nps.gov/glca

Am Horseshoe Bend, der hufeisenförmigen Flussbiegung gleich südlich des Örtchens Page, haben Pflanzen die Ufer erobert. Sie profitieren von den steilen Felswänden, die unten tagsüber Schatten spenden.

MONUMENT VALLEY

Das schönste Tal der Erde, das achte Weltwunder, eine Zauberwelt aus rotem Fels – das Monument Valley an der Grenze zwischen Utah und Arizona symbolisiert den US-amerikanischen Südwesten vielleicht am besten. Durch die zahlreichen Filme, die hier gedreht wurden, wurde es beinahe zu einer mythischen Landschaft. Die Felskolosse und steinernen Nadeln ragen als eindrucksvolle Monumente in den Himmel, ihre Größe wirkt erdrückend und verzaubernd zugleich. Sie tragen fantasievolle Namen wie »linker und rechter Handschuh«; eine Felsnadel heißt »Totempfahl«. Drei nebeneinanderstehende Felssäulen, die ursprünglich »Three Sisters« genannt wurden, bekamen den Namen »Big W« für John Wayne, weil sie gegen den Himmel betrachtet wie ein großes W aussehen. Die Kulisse dient oft als Hintergrund für Werbekampagnen.

Auf einen Blick

Lage: die Staatsgrenze zwischen Utah und Arizona verläuft direkt durch das Monument Valley; es liegt rund 80 km östlich des Lake Powell
Größe: 74,4 km^2

Der linke und der rechte »Handschuh« grüßen einander über die Ebene hinweg, der Merrick Butte schaut stumm zu. In Stein verewigt scheinen Szenen aus hier gedrehten Western wie »Spiel mir das Lied vom Tod«.

Unschwer ist zu erkennen, dass mit dem Namen »Totempfahl« die ganz rechts im Bild zu sehende Felsformation bezeichnet wird. Stolze 116 Meter ist er hoch.

GRAND CANYON

Nationalpark | UNESCO-Welterbe

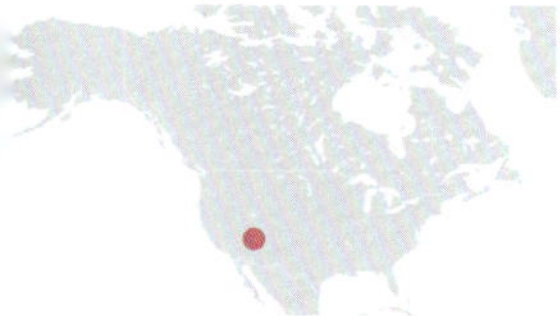

GRAND CANYON

Nationalpark | UNESCO-Welterbe

Im Jahr 1540 erblickte der Spanier López de Cárdenas als erster Europäer das grandiose Panorama des Grand Canyon, doch eine exakte Kartografierung gelang erst Mitte des 19. Jahrhunderts. Die Entstehungsgeschichte des Grand Canyon ist noch immer nicht genau erforscht. Wahrscheinlich begann der Fluss sich vor ungefähr sechs Millionen Jahren seinen Weg durch das Felsplateau zu suchen. Im Lauf der Zeit entstand so diese Schlucht, über die der passionierte Naturschützer John Muir sagte, sie sei »die großartigste von Gottes irdischen Stätten«. Wind und Wetter trugen das Ihre dazu bei, den Felswänden bizarre Formen zu geben. Die sehr gut erkennbare Abfolge der unterschiedlichen Gesteinsschichten in den Felswänden dokumentiert die verschiedenen Perioden der Erdzeitalter. Hier gefundene Fossilien geben wichtige Informationen über das Leben der Urzeit.

Auf einen Blick

Lage: im Norden Arizonas, die nächste größere Stadt ist Flagstaff, die sich südlich vom Park befindet
Größe: 4926,08 km^2
Gründung: 1919
UNESCO-Weltnaturerbe: seit 1979
www.nps.gov/grca

Beinahe senkrecht fallen die Wände des Grand Canyon ab. Wer die andere Seite des Canyons erreichen will, muss ihn umfahren: Brücken über den Colorado River liegen nur außerhalb des Nationalparks.

Beide Schluchtkanten bieten gute Aussichtspunkte, besonders schön anzusehen sind Sonnenauf- und -untergänge. Bei Wandertouren können Seitencanyons erkundet werden, und einen besonderen Überblick bieten Rundflüge.

Anders als der North Rim ist der hier abgebildete South Rim das ganze Jahr über geöffnet und damit auch der am meisten von Besuchern frequentierte Teil des Nationalparks. Kein Wunder bei den sich bietenden Ausblicken.

BELIZE BARRIER REEF
UNESCO-Welterbe

Vor der Küste Belizes erstreckt sich am Rand des Kontinentalsockels das längste lebende Barriereriff der nördlichen Hemisphäre. In dieser farbenprächtigen Unterwasserlandschaft haben zahlreiche gefährdete Tierarten ihr Refugium. Das größte Korallenriffgebiet des Atlantiks bildet ein komplexes Ökosystem. Dazu gehören ein über 250 Kilometer langes Barriereriff, drei große, küstenfernere Atolle und Hunderte »Cays« genannte, weit verstreute Inseln, auf denen über 170 Pflanzenarten wachsen. Das knapp 1000 Quadratkilometer große Weltnaturerbe besteht aus sieben Schutzgebieten und Nationalparks und umfasst diverse Rifftypen, deren bizarr geformte Dickichte und Säulen Lebensraum für eine Vielzahl von Lebewesen schaffen. Zu der fantastischen Vielfalt zählen neben verschiedenen Wasserpflanzen rund 350 Molluskenarten, Schwämme, Krebstiere und Fische vom Adlerrochen bis zum Zackenbarsch.

Auf einen Blick

Lage: zieht sich vor der Küste Belizes entlang; die am nächsten gelegenen Ortschaften sind Dangriga und Hopkins
Größe: 963 km^2
UNESCO-Weltnaturerbe: seit 1996

Einem lebenden Kunstwerk gleich schwebt der Gefleckte Adlerrochen durch die Gewässer rund um das Turneffe-Atoll. Er liebt flache Küstengewässer und ist von oben und unten farblich optimal angepasst.

Stechrochen (ganz links), Stein- und Weichkorallen (links) sind nur eine kleine Auswahl der Artenvielfalt des Riffs.

RÍO PLÁTANO

UNESCO-Biosphärenreservat | UNESCO-Welterbe

Das Biosphärenreservat im Stromgebiet des Río Plátano umfasst einen erheblichen Teil des zweitgrößten zusammenhängenden Regenwaldgebiets der Welt. An der Küste liegen hinter unberührten Sandstränden Lagunen und Mangrovenwälder, aber auch Küstensavannen mit Sumpfpflanzen sowie Palmen und Tieflandkiefern. Tropischer und subtropischer Regenwald mit seiner ganzen Artenvielfalt bedeckt das Landesinnere. Hier wachsen zahlreiche Baumarten von der Spanischen Zeder bis zu Mahagoni, Balsa- und Sandelholz. Vielen Tierarten bietet das Reservat einen von der Zivilisation unberührten Lebensraum. In dem dünn besiedelten Gebiet leben einige Tausend Menschen – neben den indigenen Miskito, Pech und Tawahka auch Garifuna (eine ethnische Gruppe mit karibischen und afrikanischen Vorfahren), die hier ihre Lebensweise fortführen. Zudem finden sich archäologische Siedlungen der Maya.

Auf einen Blick

Lage: entlang des namensgebenden Flusses von der östlichen Karibikküste bis in das Inland von Honduras
Größe: 5250 km^2
Gründung: 1969
Anerkennung als UNESCO-Biosphärenreservat: 1979
UNESCO-Weltnaturerbe: seit 1982

Von bunt bis gefährlich: Das Spektrum der hiesigen Fauna mit Fischertukan (großes Bild) sowie Arakanga, Weißschulterkapuziner, Alligatoreidechse, Greifschwanz-Lanzenotter, Ozelot und Kaffeeschlange (im Uhrzeigersinn).

Mayastätten und Tierwelt sollten nicht die zahlreichen Pflanzenarten vergessen lassen, die in teils prächtigen Farben und Formen blühen.

CORDILLERA VOLCÁNICA CENTRAL
UNESCO-Biosphärenreservat

Abgeschieden und steil wirken manche Gegenden dieser Bergregion, so als hätte sie noch nie ein Mensch durchstreift. Steile Hänge, durchzogen von einem Netz an Bächen und Flüssen. Wasserfälle rauschen in die Tiefe und Seen liegen still wie Spiegel dort. Die Cordillera Volcánica Central hat viele Gesichter zu bieten. Vier Nationalparks vereinen sich dort, ebenso wie hier die beiden Vulkane Poás und Irazú zu finden sind, beide mehr als 3000 Meter hoch und noch immer aktiv. Wichtige Arbeit, den tropischen Regenwald, der sich dort findet, zu erhalten, leistet dabei die Forschungsstation La Selva. Dort werden nicht nur die 65 Fledermausarten und vielen Bäume, Flechten und Pflanzen erforscht und die 5000 verschiedenen Schmetterlingsarten erfasst, sondern die Ranger und Freiwilligen versuchen auch, die Wilderei in diesem Gebiet einzudämmen, die vor allem Leguane, Hirsche und Pakas betrifft.

Auf einen Blick

Lage: das Biosphärenreservat umfasst vier Nationalparks und weitere geschützte Gebiete und liegt nördlich der Hauptstadt San José
Größe: 1443,63 km^2
Anerkennung als UNESCO-Biosphärenreservat: 1988

Ein Areal der Gegensätze: Kahles Vulkangestein und Feuer als dominierendes Element auf der einen Seite, üppig grüne Vegetation und Wasser auf der anderen Seite. Und dazwischen die bunten Großer Soldatenaras (großes Bild).

Poás

Vulkane gehören zu den unberechenbarsten Naturerscheinungen der Erde. Der über 2700 Meter hohe, noch aktive Poás ist da keine Ausnahme und insofern sind die Öffnungszeiten des ihn umschließenden Nationalparks ebenfalls unberechenbar. Fast das gesamte Jahr 2017 hindurch durften keine Besucher mehr dem Vulkan zu nahe kommen, da er im April verstärkte vulkanische Aktivität gezeigt hatte und der Regierung das Risiko zu groß war. Der Poás mit seinem geheimnisvollen Kratersee zeigte sich zwar in den letzten 100 Jahren als relativ sanfter Riese, der nur in den 1950er-Jahren für Unruhe in der Umgebung gesorgt hatte. 1955 mussten zum letzten Mal Bewohner in der nahe gelegenen Stadt Bajos del Toro evakuiert werden. Nichtsdestotrotz ist die Möglichkeit eines größeren Ausbruchs jederzeit gegeben.

Irazú

Gibt es einen Ort auf der Erde, der dem Mond am nächsten kommt, so wäre das wohl der Kraterbereich des Vulkans Irazú (3432 Meter). Dieser Vergleich stammt von einem Mann, der es wissen muss: Neil Armstrong. Wer den Kraterrand erklommen hat, sieht bei gutem Wetter nicht nur die beiden Meere, die Costa Rica umschließen, sondern zudem den knallgrünen See im Schlund des Feuerbergs. Es ist ein Säuresee, der seine Farbe beständig wechselt, je nachdem, welche Gase gerade vom Inneren nach oben drängen. Der größte Vulkan des Landes ist sehr lebendig, er brach das letzte Mal im Jahr 1994 aus. Nicht nur seine Lava ist gefährlich, sondern jegliche Veränderung im Krater, denn die Wand, die den See begrenzt, ist dünn. Würde der See auslaufen, wäre es für die umliegenden Dörfer eine lebensbedrohliche Katastrophe.

CANAIMA

Nationalpark | UNESCO-Welterbe

»Canaima« – in der Sprache der hier lebenden Kamarokoto-Indianer verkörpert dieser Name die finstere Gottheit, die alles Böse in sich vereint. Im Gegensatz zum furchteinflößenden Namen besticht der mit drei Millionen Hektar zweitgrößte Nationalpark Venezuelas durch seine überwältigende Naturschönheit. Im Südosten des Landes an der Grenze zu Guyana und Brasilien gelegen, erstreckt er sich über die grandiose Landschaft der Gran Sabana. Eingebettet in dichte Vegetation, ergießen sich spektakuläre Wasserfälle wie der Salto Ángel – der höchste Wasserfall der Erde –, der Salto Kukenam und die Kaskaden der Canaima-Lagune in die Tiefe. Zwischen 3000 und 5000 Arten von Blütenpflanzen und Farnen sollen hier vorkommen – viele davon endemisch. Außer Savanne gibt es hier auch undurchdringliche Bergwälder und Buschwerk. Beeindruckend ist auch die Vielfalt an Orchideen.

Auf einen Blick

Lage: in der Gran Sabana, im Bundesstaat Bolívar im Südosten Venezuelas
Größe: 30 000 km^2
Gründung: 1962
UNESCO-Weltnaturerbe: seit 1994

Auf dem Hochplateau herrscht ein ganz eigenes Mikroklima. Der verwitterte Sandsteinboden ist nährstoffarm – die perfekte ökologische Nische für viele fleischfressende Pflanzen wie die Sumpfkrüge (großes Bild).

Salto Ángel

Als der US-amerikanische Buschpilot Jimmie Angel den Wasserfall im Jahr 1933 aus seinem Flugzeug heraus entdeckte, war er hingerissen. Er kehrte immer wieder zu »seinem« Wasserfall zurück und wurde dessen Namensgeber. Anfangs hielten die Leute daheim seine Erzählungen für »Abenteurerlatein« und wollten nicht glauben, dass es einen so hohen Wasserfall geben kann. Heute benutzen die Venezolaner auch wieder den ursprünglichen Namen, »Kerepakupai Merú«. Das bedeutet in der indigenen Sprache der Pemón so viel wie »Sprung des tiefsten Ortes«. Der Name passt – letztendlich war es ja die einheimische Bevölkerung, die den Wasserfall »entdeckte«, und nicht der fremde Buschpilot. Trotzdem ist das Naturwunder bei Ausländern immer noch als Salto Ángel bekannt. Und obwohl der Wasserfall in einem unwegsamen Gebiet liegt, hat er sich zu einer der beliebtesten Touristenattraktionen des Landes gemausert. Wie damals kann man die Region nur auf dem Luftweg erreichen – entweder per Kleinflugzeug oder per Hubschrauber.

Der Salto Ángel ist der höchste Wasserfall der Erde: 978 Meter tief stürzt der erst 1910 entdeckte Wasserfall vom Tafelberg Auyán-Tepui in den Abgrund.

Die riesigen Felswände des Tafelberges Roraima fallen bis zu 400 Meter in die Tiefe. Links: zerklüftete Landschaft auf dem Hochplateau. Bildleiste von oben: Hier wachsen Moose, Bromelien und fleischfressende Pflanzen.

AMAZONAS UND AMAZONAS-REGENWALD

Unendliche Wassermassen mit zahllosen von tropischem Regenwald bestandenen Inseln: Am Unterlauf des Amazonas ist leicht zu sehen, dass er der mit weitem Abstand wasserreichste Strom der Erde ist. Er führt mehr Wasser als die sieben nächstkleineren Flüsse zusammen! In weiten Mäandern mit zahlreichen Nebenarmen fließt er ausgeglichen und träge durch das größte zusammenhängende Regenwaldgebiet der Erde, ein Naturparadies, das Lebensraum für 2200 Arten von Fischen, 1300 Vogel- und 400 Säugetier-, Reptilien- und Amphibienarten bietet. Der Amazonas ist an seinem Unterlauf nach dem Zusammenfluss von Rio Grande und Rio Solimões vier bis zehn Kilometer breit und spaltet sich etwa 350 Kilometer vor dem Erreichen des Atlantischen Ozeans in mehrere Hauptarme auf, die sich aufgrund der hohen Gezeitenwellen trichterförmig öffnen.

Auf einen Blick

Lage: der Amazonas-Regenwald befindet sich zu rund 60% auf brasilianischem Gebiet, weitere acht Staaten haben Anteile; somit erstreckt sich der Regenwald über den Großteil der nördlichen Hälte des Kontinents
Länge: 6992 km

Tiefgrün, immer feucht und fast undurchdringbar zeigt sich der Amazonas-Regenwald. Er ist eine der wichtigsten grünen Lungen der Erde. Sein geheimnisvolles Dunkel bietet einen Lebensraum für seltene Tiere.

Der Amazonas ist mit großem Abstand der wasserreichste Fluss der Erde: Durchschnittlich 180 000 Kubikmeter ergießt er pro Sekunde an seiner Mündung in den Atlantik. Er führt so viel Wasser, dass Ozeanschiffe von der Atlantikmündung etwa 1500 Kilometer weit bis nach Manaus mitten in Brasilien gelangen können.

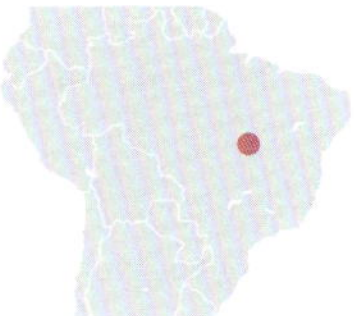

CHAPADA DOS VEADEIROS
Nationalpark | UNESCO-Welterbe

Der etwa 66 000 Hektar große Nationalpark erstreckt sich im Norden des Bundesstaates Goiás in einem Bergland, das im Schnitt Höhen von 1400–1500 Metern erreicht, aber auch bis zu 1800 Meter ansteigt. Es bildet eine Wasserscheide und trennt die Zuflüsse des Rio Maranhão und des Rio Paraná voneinander. Zu Beginn der 1960er-Jahre gegründet, wurde der Nationalpark später verkleinert und umfasst heute nur noch etwa ein Zehntel seiner

ursprünglichen Schutzzone. Es ist eine weitgehend unberührte Berglandschaft, nur wenige Stellen sind mittlerweile für Besucher erschlossen und damit zugänglich: beispielsweise die beiden Wasserfälle des Rio Preto, deren erster rund 80 Meter hoch ist und sich fächerartig nach unten in einen von steilen Felsen umgebenen riesigen Kessel verbreitert. Der zweite Fall ist sogar noch höher – 120 Meter.

Der Nationalpark erstreckt sich über die höchsten Abschnitte des Cerrado. Zahlreiche seltene Tierarten sind hier heimisch. Insgesamt wurden 45 Säugetier-, über 300 Vogel- sowie rund 1000 Schmetterlingsarten erfasst.

Auf einen Blick

Lage: im Nordosten des Bundesstaats Goiás, rund 50 km östlich des Lago de Serra da Mesa
Größe: 6480 km^2
Gründung: 1961
UNESCO-Weltnaturerbe: seit 2001

Die Natur schafft viele Arten von Eleganz: in der Form der gegabelten Schwanzfedern einer Tyrannenunterart (oben links), in dem samtigen Geweih des Pampahirsches (unten links) oder in den einzigartigen Formen der Flora.

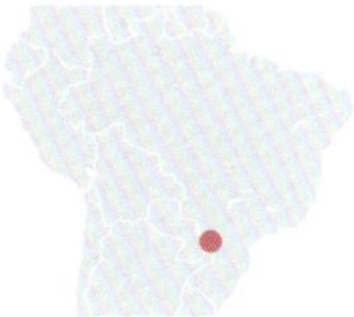

IGUAÇU
Nationalpark | UNESCO-Welterbe

Ob Kapuzineraffe, Roter Ibis, Jendayasittich oder Krabbenwaschbär (von links oben im Uhrzeigersinn) – sie alle bevölkern den Nationalpark jenseits der großen Wasserfälle.

Das Tosen der Wasserfälle übertönt das Zischen, Brummen, Brüllen und Kreischen in den Wäldern. Ein Ausflug jenseits der gigantischen Wasserfälle von Iguaçu im Grenzgebiet von Argentinien und Brasilien in den Regenwald lohnt sich. Er umfasst verschiedene Vegetationszonen. Daneben bietet der knapp 1700 Quadratkilometer große Nationalpark auf brasilianischer Seite der Fälle vielen bedrohten Tier- und Pflanzenarten einen Rückzugsraum. Im Schutz der Bäume schwirren Papageien und Steißhühner umher, während Mauersegler ihre Nester in die zerklüfteten Felsen zwischen die Wasserfälle bauen. Ozelote und Jaguare bevölkern mit Tapiren, Ameisenbären und Nabelschweinarten den üppig wuchernden Regenwald. Und in den unruhigen Gewässern geht der überall sonst selten gewordene Riesenotter ausgiebig auf Fischfang.

Auf einen Blick

Lage: an der Grenze zu Argentinien, auf dessen Seite der Nationalpark als Iguazú weitergeht, im brasilianischen Bundesstaat Paraná, südwestlich von Cascavel
Größe: 1696,96 km^2
Gründung: 1939
UNESCO-Weltnaturerbe: seit 1986

Die Vogelwelt sorgt für Farbtupfer im Immergrün des Regenwaldes, dessen Besuch sich nicht nur wegen der berühmten Wasserfälle lohnt. Linke Bildleiste: Kappenblaurabe und Maximilianpapagei. Kleine Bilder (von links oben im Uhrzeigersinn): Kappenblaurabe, Bunttukan, Braunohrarassari, Schwarzmaskenguan, Saracuraralle und Hokkohuhn.

Die Wasserfälle von Iguaçu im Länderdreieck Brasilien-Argentinien-Paraguay gehören zu den größten und eindrucksvollsten der Erde. Sowohl auf der argentinischen als auch auf der brasilianischen Seite wurde das Gebiet als Nationalpark ausgewiesen. Seit Mitte der 1980er-Jahre stehen diese Parks und der Wasserfall auf der Liste des UNESCO-Naturerbes.

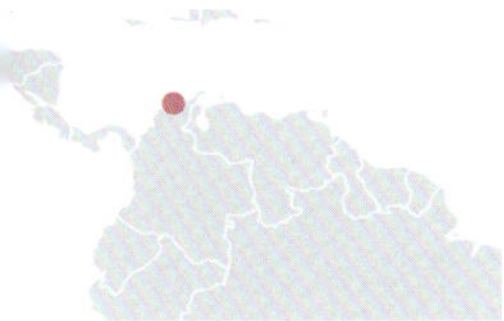

TAYRONA
Nationalpark

Wie eine riesige Hand, deren Finger ins Wasser ragen, senken sich die Ausläufer der Sierra Nevada de Santa Marta ins Meer. Zwischen diesen grün überwucherten Felsenfingern liegen idyllische Buchten, schneeweiße Strände und kristallklares Wasser. Korallenriffe und Mangrovenwälder ziehen sich an der Küstenlinie entlang. Auch tropische Regen- und Trockenwälder sind Teil des Nationalparks Tayrona. Niederschläge bestimmen die Landschaft, ebenso die Vielfalt im Tier- und Pflanzenreich. Hier leben über 400 Vogelarten vom Andenkondor bis zum Rotkappenspecht. Durch die Bäume klettern Spring- und Krallenaffen. Zu Letzteren gehört auch der vom Aussterben bedrohte Lisztaffe, der in freier Natur nur noch in einem kleinen Teil Kolumbiens lebt. Die quirlige Affenart ist äußerst kommunikativ: Die Laute, die die Tiere dabei ausstoßen, hören sich beinahe an wie Vogelgezwitscher.

Auf einen Blick

Lage: im Norden des Landes, Departamentos Magdalena, Teil des Biosphärenreservats Sierra nevada de Santa Marta
Größe: 150 km^2
Gründung: 1964
www.parquesnacionales.gov.co/portal/es/ecoturismo/region-caribe/parque-nacional-natural-tayrona

Der Lisztaffe (Saguinus oedipus): Im hohen Alter trug Komponist Franz Liszt sein schlohweißes Haar halblang. Die Ähnlichkeit mit dem Schopf des Äffchens inspirierte Biologen zu diesem ungewöhnlichen Namen.

Die Natur sieht Veränderungen kommen und gehen: Regenwald und Leguane existierten hier bereits, als die Region noch Stammesgebiet der Tairona-Indianer war.

GALAPAGOS

Nationalpark | UNESCO-Biosphärenreservat | UNESCO-Welterbe

Der Galapagos-Archipel ist aus Feuer und Asche geboren: Mehr als 100 Inseln sind es schon, und eine große Magmakammer sorgt für Nachschub: Hier wächst ein unterirdisches Gebirge in die Höhe – der Galapagos-Rücken. Gleichzeitig driften zwei Kontinentalplatten auseinander, die Nazca- und die Cocosplatte. Da sich die Nazca-Platte, auf deren Rand die Inseln liegen, immer weiter ostwärts schiebt, entstehen im Westen immer neue Inseln. Die alten, östlichsten Inseln hingegen wandern mit der Platte wieder abwärts, sie »ertrinken«. Die westlichste und deshalb jüngste Insel ist Fernandina. Dort bewirkt die Magmakammer kräftige vulkanische Aktivität. Wegen seines vulkanischen Ursprungs hatte der Galapagos-Archipel niemals Kontakt zum Festland. Aus diesem Grund ist die Tier- und Pflanzenwelt, die sich viele Jahrmillionen ohne jegliche Einflüsse von außen entwickelt hat, weltweit absolut einmalig.

Auf einen Blick

Lage: rund 1000 km von der Westküste Ecuadors entfernt
Größe: 140 665,14 km²
Gründung: 1959
Anerkennung als UNESCO-Biosphärenreservat: 1984
UNESCO-Weltnaturerbe: seit 1978

Die kleine Eidechse möchte keinen Umweg machen und huscht einfach direkt über die Hand der Meerechse (großes Bild). Letztere ist auf den Galapagosinseln ebenso endemisch wie eine Vielzahl weiterer Arten.

Kleine Bilder links (von links oben im Uhrzeigersinn): Rotfußtölpelpärchen, Drusenkopf (auch Galapagos-Landleguan genannt), Galapagos-Riesenschildkröte, Galapagos-Seelöwe, Kanadareiher und Mangrovereiher.

Links: Bartolomé ist eine der kleineren Inseln des Archipels und besonders bekannt für seine Felsnadeln. Über das türkisfarbene Meer blickt man auf Santiago.

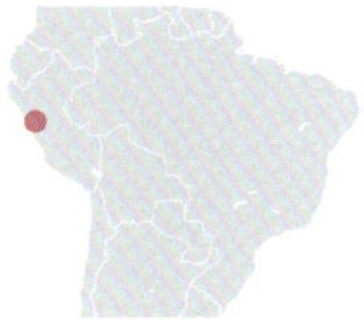

CORDILLERA BLANCA

Die höchsten tropischen Berge der Welt beheimaten den zugleich höchsten Gipfel Perus, den 6768 Meter hohen Huascarán. Das Dioritgestein der Cordillera Blanca bedecken Schnee- und Eisfelder.

Cordillera Blanca – die »weiße Bergkette«. Sie trägt ihren Namen, weil so viele Gletscher die Gipfel mit Eis und Schnee umhüllen. Ganze 50 von ihnen sind höher als 5700 Meter, damit ist dieser Gebirgszug der höchste des gesamten Kontinents. Die Peruaner haben hier einen hübschen Gegensatz in der Namensgebung aufgebaut: Westlich davon zieht sich die Cordillera Negra – die »schwarze Bergkette« – entlang. Auch hier ist der Name Programm: dunkler Fels und kein einziges Schneefleckchen weit und breit. Leider ist die Cordillera Blanca dabei, immer mehr zu einer schwarzen Gebirgskette zu werden. Die Gletscher schmelzen, auch hier ist der Klimawandel spürbar.

Die imposante Bergszenerie der Cordillera Huayhuash erhebt sich in direkter Nachbarschaft und fordert Bergsteiger mit hohen Schwierigkeitsgraden heraus.

Auf einen Blick

Lage: Osten des Landes, Region Ancash
Länge: 180 km

ALTIPLANO

Entwickeln konnte sich die Region, weil sie sich vor 65 Millionen Jahren stark absenkte, während die Anden ihre Formation erhalten haben. Heute noch zeigen sich deutlich Sedimentablagerungen an den Hängen.

Eine Landschaft aus Salz, trockenem Wüstensand, aus Eis und Feuerbergen – der Altiplano. Zwischen den westlichen und den östlichen Anden hat sich diese breite Hochebene gebildet. Sie erstreckt sich über etwa 170 000 Quadratkilometer Fläche und gehört damit nach Tibet zu den größten Hochebenen der Welt. Das Gebiet hat keinen Abfluss ins Meer, deswegen haben die Seen in dieser Region eine Besonderheit: Sie sind stark salzhaltig, weil das Wasser verdunstet. Der Altiplano liegt auf einer Durchschnittshöhe von 3600 Metern. Klimatisch ist der Altiplano trocken bis halbtrocken, die mittlere Temperatur liegt zwischen zwei und zehn Grad, zwischen April und September kann es gerade in den höheren Lagen auch zu Schnee kommen. Umgeben ist er von aktiven Schichtvulkanen, die für so spektakuläre Schauspiele wie Geysire und Dampfquellen sorgen.

Auf einen Blick

Lage: zwischen den West- und Ostanden erstreckt sich die Hochebene über weite Teile Westboliviens sowie Peru, Chile und Argentinien
Größe: 170 000 km^2

Die weiten Ebenen, von Salzseen und Bergrücken durchsetzt, mögen auf den ersten Blick unwirtlich anmuten. Doch hier gedeihen zwischen bunten Steinen große Kakteen und auch Lamas sind in großer Zahl anzutreffen.

Die zahmen Lamas sind die am häufigsten anzutreffende Tierart im Altiplano.

EDUARDO AVAROA
Nationalpark

Wie ein lebendiges Gemälde von Salvador Dalí zeigt sich die Landschaft. Steine, ausgehöhlt und windgeschliffen, liegen wie zufällig hingeworfen auf dem orangefarbenen Sandboden. Die Wüste gehört zu den Hauptattraktionen im Nationalpark Eduardo Avaroa. Das Schutzgebiet ist nach einem Nationalhelden benannt, der im Salpeterkrieg nach Chile vorgedrungen ist. Das Reservat wird von den höchsten Bergen der Anden eingerahmt und umfasst als touristische Höhepunkte die Laguna Colorada oder die Languna Blanca. Auch die Laguna Verde mit ihrer schon fast karibisch anmutenden Türkisfärbung ist Teil des Nationalparks, zu dem auch die heißen Quellen Sol de Manaña gehören. Obwohl die Gegend auf den ersten Blick lebensfeindlich anmutet, finden hier doch 80 Vogel- und 23 Säugetierarten Nahrung bei den fast 200 Pflanzenspezies, die hier gedeihen.

Auf einen Blick

Lage: vor den Erhebungen der Cordillera Occidental, im äußersten Südwesten des Landes, angrenzend zu Chile und Argentinien
Größe: 7147 km^2
Gründung: 1973

Mit der Laguna Colorada hat das Schutzgebiet bereits eine äußerst farbenfrohe Attraktion, doch damit nicht genug: Auch Sol de Mañana präsentiert sich farbenreich wie ein lebendiger Regenbogen.

Überall dampft und kocht es im Sol de Mañana. Grund dafür sind Fumarole, Geysire und weitere geothermische Phänomene.

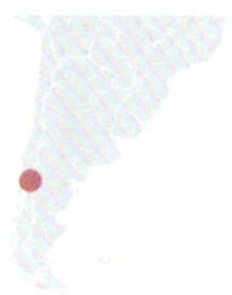

VICENTE PÉREZ ROSALES
Nationalpark

Ruhig und friedlich liegt der Osorno in der Sonne, doch das war nicht immer so. Der berühmte Naturforscher Charles Darwin erlebte es selbst mit, wie der Vulkan 1835 mit all seiner Urgewalt zum letzten Mal ausbrach.

Chiles ältester Nationalpark erstreckt sich bis an die Grenze Argentiniens und beheimatet eine grandiose Natur. Mit dem Puyehue-Nationalpark und den beiden auf argentinischer Seite liegenden Schutzgebieten Nahuel Huapi und Lanín schützt er grenzüberschreitend die einzigartige Natur Nordpatagoniens. Der Vulkan Osorno wacht von 2652 Metern aus über die Landschaft, nur noch überragt vom Cerro Tronador (3451 Meter). Dem Vulkan zu Füßen

liegt der Lago Todos los Santos, der »Allerheiligensee«, mit seinem smaragdgrünen Wasser. Dass der Nationalpark Vicente Pérez Rosales nicht nur der älteste, sondern auch der am meisten besuchte des Landes ist, dürfte an den Saltos de Petrohue liegen, wo der Río Petrohue über Wasserfälle kaskadiert und in tosenden Stromschnellen seinen Weg in Richtung Pazifik fortsetzt.

Die hier beheimateten Tiere leben scheu und zurückgezogen im Valdivianischen Regenwald. Zu ihnen gehören neben vielen Vögeln auch Pumas und die Chilenische Wildkatze.

Auf einen Blick

Lage: im Süden des Landes, Region Los Lagos, Provinzen Llanquihue und Osorno
Größe: 2537 km²
Gründung: 1926
www.conaf.cl/parques/parque-nacional-vicente-perez-rosales

TORRES DEL PAINE
Nationalpark | UNESCO-Biosphärenreservat

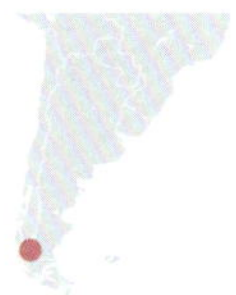

Das größte Gletschergebiet Südamerikas kündigt sich mit einem reißenden Fluss an: Der Río Paine trägt das wertvolle Süßwasser des Dickson-Gletschers durch den Nationalpark. Es fließt in den gleichnamigen See und wird schnell zum reißenden Strom. In jahrhundertelanger Arbeit hat es dabei schon Felsen glatt geschliffen oder Rinnen hineingeknabbert. Seine Massen stürzen sich bergab und erfreuen Wanderer und Fotografen mit malerischen Wasserfällen, in denen man mit etwas Glück sogar einen Regenbogen sehen kann. Doch eigentlich ist die Farbe des Flusses blau, denn Paine bedeutet in der Sprache der indigenen Ureinwohner, der Tehuelche, »himmelblau«. Tatsächlich kann er ein leuchtendes Gletscherwassertürkis annehmen. Kontrastreich dazu strahlt der Feuerbusch in leuchtendem Rot, wenn er inmitten der Strauchvegetation in voller Blüte steht.

Auf einen Blick

Lage: Süden des Landes, Region Magallanes, Provinz Última Esperanza
Größe: 2 420 km^2
Gründung: 1959
Anerkennung als UNESCO-Biosphärenreservat: 1978
www.conaf.cl/parques/parque-nacional-torres-del-paine

Linke Seite: Die ersten Sonnenstrahlen bringen die Felsen der Cuernos del Paine zum Glühen. Die dunklen Felskappen gehen auf Sedimente zurück, die bei urzeitlichen Vulkanausbrüchen an die Erdoberfläche geschoben wurden.

Unten: Eisige Winde tosen über dem Hängegletscher Francés. Die berühmte Trekkingroute »W« führt an all den Naturschönheiten dieser Gegend vorbei: Aus der Vogelperspektive verläuft der Weg entlang dieses Buchstabens.

Cerro Paine Grande

Die majestätisch hohen Berge prägen die Morphologie des Nationalparks Torres del Paine, der im äußersten Süden Chiles an die antarktische Zone angrenzt. Durch das beständige, über Tausende von Jahren anhaltende Fließen der Gletscher wurde das Granit zu den charakteristischen Spitzen und bizarren Felsformen gerieben, wurden die steilen Hänge und beeindruckenden Felsüberhänge ins Gestein geformt. Am höchsten ragt der Cerro Paine Grande in den mal eisblauen, mal dramatisch rot leuchtenden Himmel auf. Obwohl Eis und raues Klima die Region beherrschen, waren es Großbrände aus Fahrlässigkeit, die erheblichen Schaden in den Waldgebieten angerichtet haben. Aufgrund der Kälte wachsen hiesige Pflanzen nur langsam, und so erholt sich die Natur in sehr kleinen Schritten.

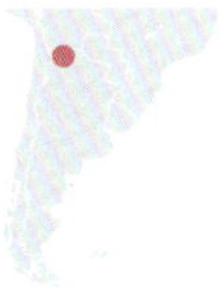

QUEBRADA DE HUMAHUACA

Als wäre auf Erden ein steinerner Regenbogen mit eigener Farbfolge entstanden – so leuchten in der Abendsonne die Hänge der 150 Kilometer langen Schlucht von Humahuaca in unzähligen Nuancen von Zitrusgelb über Orange, Violett, Braun, Beige, Grau und Grün. Im Sommer bahnt sich der Río Grande seinen Weg durch die zum Weltkulturerbe ernannte Andenfalte hinab ins Tal. Er schlängelt sich vorbei an kleinen Ortschaften wie San Francisco de Tilcara mit ihrer alten Festung, der Pucará. Seit Tausenden von Jahren nutzt auch der Mensch diese Passage, um aus dem Hochland in die Tiefebene zu gelangen. Westlich der farbenfrohen Andenhänge lohnt ein Abstecher zur Salinas Grandes, einem über 800 Quadratkilometer großen Salzsee in 3368 Meter Höhe. Die aus winzigen Salzkristallen zusammengesetzte weiß leuchtende Fläche ist auch mit Autos befahrbar.

Sonnig und klar zieht ein neuer Tag herauf über der weltberühmten Schlucht Quebrada de Humahuaca. Einst reisten die Inka auf ihrem Handelspfad hier entlang.

Auf einen Blick

Lage: im Nordwesten Argentiniens gelegene Schlucht, nahe San Salvador de Jujuy
Größe: 1721 km^2
UNESCO-Weltkulturerbe: seit 2003

Den »Berg der sieben Farben«, Cerro de los Siete Colores, bilden unterschiedliche Gesteinsarten. Einer Legende nach aber stahlen sich Kinder nachts aus den Betten und bemalten den Berg in bunten Farben.

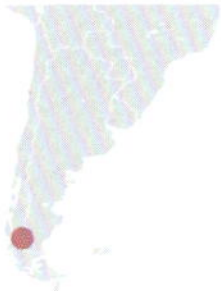

LOS GLACIARES

Nationalpark | UNESCO-Welterbe

An der Grenze zu Chile, südwestlich von Santa Cruz gelegen, blieb der 1937 gegründete Nationalpark lange Zeit unentdeckt. Die mächtigen Bergmassive schirmten die Region ab, das raue Klima tat sein Übriges und so ist es wohl zu erklären, dass der größte See Argentiniens, der Lago Argentino, erst in den Sechzigerjahren des 19. Jahrhunderts entdeckt wurde. Heute ist der Nationalpark ein Touristenmagnet, und das vor allem wegen der drei großen Gletscher Viedma, Upsala und Perito Moreno. Letzterer sorgt immer wieder für spektakuläre Momente, wenn riesige Eisblöcke von ihm abbrechen und mit lautem Getöse im Lago Argentino versinken. In den tiefer gelegenen Gebieten des Nationalparks breiten sich mit Scheinbuchen bewachsene Wälder und die patagonische Steppe aus. Vor allem eine reiche Vogelwelt mit über 100 verschiedenen Arten hat die Region zu ihrer Heimat erklärt.

Auf einen Blick

Lage: im argentinischen Teil Patagoniens, Provinz Santa Cruz
Größe: 7269 km^2
Gründung: 1937
UNESCO-Weltnaturerbe: seit 1981
www.parquesnacionales.gob.ar/areas-protegidas/region-patagonia-austral/pn-los-glaciares

Den mächtigen Gletscher Perito Moreno hält nicht einmal das Seeufer des Lago Argentino auf: Er überwindet die Wasserbarriere und türmt am Ufer gegenüber eine riesige Eismauer auf (großes Bild links).

Der Wechsel der Jahreszeiten verleiht der Natur immer wieder ein neues Gesicht. Vor allem im Herbst steht der Wald in bunter Farbenpracht.

FALKLANDINSELN

Die kleine Kolonie von Königspinguinen am Volunteer Point ist vor allem aufgrund ihrer Lage in der Nähe eines Sandstrandes weltweit einzigartig.

Als ewiger Zankapfel zwischen Argentinien und Großbritannien gilt der mehr als 400 Kilometer vor dem argentinischen Festland gelegene Archipel, der ohne politische Querelen einfach ein malerisches Stückchen Erde wäre. Noch immer leben hier mehr Tiere als Menschen, für manche gelten die Inseln als Galapagos des Atlantiks. Sie beherbergen u. a. ein großes Brutgebiet

der majestätischen Schwarzbrauenalbatrosse, deren Flugkünste auf hoher See ihresgleichen suchen. Aus Vogelperspektive wirken die vielen Schafe an Land wie kleine wollene Tupfer im hellen Grün der Inseln, die Pinguine auf Saunders Island scheinen einen seltsamen Tanz aufzuführen, während die Mähnenrobbenkolonie, von weit oben aus gesehen, zwischen den vom Meer glatt geschliffenen Steinen von Cape Pembroke kaum zu erkennen ist. Die militärischen Stützpunkte vermögen die Schönheit der Inselgruppe nicht zu beeinträchtigen.

Die geselligen Königspinguine leben in großen Kolonien zusammen. Schon die Kleinsten kommen in »Kindergärten« zusammen und sind wegen ihres braunen Federkleids leicht im Gewusel auszumachen (oben).

Auf einen Blick

Lage: rund 200 Inseln mit den beiden großen Hauptinseln Ost- und Westfalkland, im Atlantischen Ozean gelegen, über 400 km vor der Küste Argentiniens
Größe: 12 173 km^2

SÜDGEORGIEN

Keine Scheu vor Menschen und den bis zu sechs Meter langen Seeelefanten: Die Königspinguine auf Südgeorgien ziehen ihre Küken in einem weltweit einzigartigen Paradies groß.

Zwischen der Südspitze Südamerikas, der Antarktischen Halbinsel und Südgeorgien erwartet den Reisenden das berüchtigtste Meeresgebiet der Erde. Ganzjährig toben hier Winde bis zu Orkanstärke rund um den antarktischen Kontinent. Wenn die Verhältnisse sich zum Schlechteren ändern, muss man resistent gegen Seekrankheit sein – oder leidensbereit. Die Belohnung winkt nach Tagen schwankender Fahrt, wenn man an der Ostküste Südgeorgiens, im Windschatten der Insel, anlandet: riesige Kolonien von Königspinguinen, Seeelefanten und Pelzrobben, nistende Albatrosse, verlassene, vor sich hinrostende Walfangstationen vor der Kulisse des vergletscherten Hochgebirges. Im Sommer leben rund 30 Menschen in den Forschungsstationen auf Südgeorgien und es kommen Besucher mit Schiffen vorbei. Ansonsten kann sich die Natur hier aber in aller Abgeschiedenheit frei entfalten.

Auf einen Blick

Lage: im Südatlantik, rund 1400 km vor der Küste Argentiniens
Größe: 3756 km^2

Die Königspinguine sind nur wenig beeindruckt von den Riesenlaibern der Seeelefanten. Wenn zwei junge Seeelefanten spielerisch Kampfgebärden üben (kleines Bild), müssen sie sich aber in Acht nehmen.

Saint Andrews Bay

Vermutlich war es kein Geringerer als James Cook, der bei seiner Südseeexpedition im Jahr 1775 diese Bucht im Osten von Südgeorgien entdeckte. Wer ihr allerdings den Namen des Apostels Andreas gab, ist nicht überliefert. Auch Saint Andrews Bay ist ein Revier der Königspinguine, bis zu 150 000 Brutpaare werden hier jährlich gezählt. Sie teilen sich die drei Kilometer breite Bucht mit Seeelefanten und Pelzrobben – und den räuberischen Skuas, die es auf Pinguineier und junge Küken abgesehen haben und in der gesamten Antarktis allgegenwärtig sind. Im Hintergrund dieses traumhaften Naturparadieses ragen die schneebedeckten Allardyce-Berge auf, zu denen der markante kegelförmige Mount Skittle gehört, der eine Höhe von 451 Metern erreicht.

ANTARKTISCHE HALBINSEL

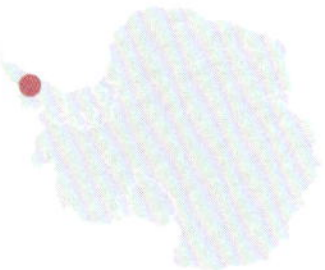

Nirgends ist es abgeschiedener, unerreichbarer und einsamer als am Südkontinent. Dennoch lockt das ewige Eis nicht nur Forscher, sondern auch Touristen an. Die meisten nähern sich per Schiff von der Südspitze Südamerikas über die oft stürmische Drakepassage der Antarktis. Denn hier, an der Antarktischen Halbinsel, ist der Kontinent am zugänglichsten. Die etwa 1200 Kilometer lange Landspitze ragt nördlich bis über den 65. Breitengrad hinaus und fasziniert mit ihren Fjorden, Buchten und Meeresengen wie der Gerlache-Straße. Am fotogensten zeigt sich die Halbinsel im Lemaire-Kanal, der auch als »Kodak-Kanal« bekannt ist, weil in der unberührten Stille vor allem das Klicken der Kameras zu hören ist. Die rund sechs Kilometer lange Meerenge erstreckt sich zwischen dem Festland und der Booth-Insel mit ihren knapp 1000 Meter hohen Bergen.

Auf einen Blick

Lage: nördlichste Landzunge des antarktischen Festlandes, zwischen Kap Adams und einem Abschnitt südlich der Eklund-Inseln
Länge: 1200 km

Adeliepinguine haben für die Schönheit ihrer Umgebung vermutlich keinen Sinn (unten), menschliche Besucher nehmen hingegen ehrfürchtig den lieblichen Reiz der Antarktischen Halbinsel wahr.

REGISTER

BILDNACHWEIS, IMPRESSUM

Abkürzungen: C = Corbis, G = Getty, M = Mauritius

Cover: Vorder- und Rückseite: G/Philip Lee Harvey; kleine Bilder: Look/Minden Pictures, G/tunart, G/guenterguni
S. 2/3 G/Georgette Douwma, S. 4/5 G/Marco Bottigelli, S. 6/7 G/Anup Shah, S. 8/9 G/Punnawit Suwuttananun, S. 10/11 G/Luis Davilla, S. 12/13 G/FotoVoyager, S. 14/15 G/Southern Lightscapes, S. 16/17 G/Southern Lightscapes, S. 18/19 G/Spila Riccardo, S. 20 G/Henn Photography, S. 20 G/Sigmundur Andresson, S. 21 G/Deb Snelson, S. 21 G/LuismiX, S. 21 G/Win Initiative, S. 22 G/Gunnar Örn Árnason, S. 22 G/Peerakit JIrachetthakun, S. 22/23 G/Ramiro Torrents, S. 23 G/Sjo, S. 24/25 G/Subtik, S. 25 G/Arctic-Images, S. 26 G/Felix, S. 26 G/Jacek Kadaj, S. 26 G/Steinliland, S. 26/27 G/Southern Lightscapes, S. 26/27 G/Wei Hao Ho, S. 27 G/Sizun Eye, S. 27 G/Tunart, S. 27 G/Tunart, S. 27 G/Wei Hao Ho, S. 28/29 G/Karsten Bidstrup, S. 29 G/Douglas Pearson, S. 30 G/Rainer Mirau, S. 30 M/Kevin Prönnecke, S. 30 M/Kevin Prönnecke, S. 30/31 G/Audun Bakke Andersen, S. 30/31 G/Gustaf Emanuelsson, S. 31 M/Gerhard Zwerger-Schoner, S. 31 M/Kevin Prönnecke, S. 31 M/Kevin Prönnecke, S. 31 M/Kevin Prönnecke, S. 32 M/Willi Rolfes, S. 33 M/Ben Cranke, S. 33 M/Stefan Huwiler, S. 33 M/Stefan Huwiler, S. 33 M/Willi Rolfes, S. 34/39 G/Wei Hao Ho, S. 35–38 G/Wei Hao Ho, S. 39 G/Karol Majewski, S. 39 G/Karol Majewski, S. 40 G/Anders Ekholm, S. 40 G/Hans Strand, S. 40 G/Johner Images, S. 40/41 G/Erlend Haarberg, S. 41 G/Westend61, S. 41 G/Winfried Wisniewski, S. 41 M/Erlend Haarberg, S. 41 M/Erlend Haarberg, S. 41 M/Orsolya Haarberg, S. 42/43 G/Brytta, S. 43 G/Marcus Siebert, S. 43 G/Oxford Scientific, S. 44/45 G/Marco Bottigelli, S. 45 G/Simon Marlow, S. 46 M/Bernd Zoller, S. 46 M/Jussi Murtosaari, S. 46/47 M/Buiten-Beeld, S. 46/47 M/Jordi Bas Casas, S. 47 M/Markus Varesvuo, S. 47 M/Philippe Clement, S. 47 M/Reiner Bernhardt, S. 48/49 M/Hamblin, S. 49 M/Hamblin, S. 49 M/Hamblin, S. 49 M/Hamblin, S. 49 M/Hamblin, S. 50/51 G/Maurizio Rellini, S. 51 G/Tomasz Skoczen, S. 51 M/Alamy, S. 52/53 G/Pete Rowbottom, S. 53 Look/age, S. 54 G/Southern Lightscapes, S. 55 G/Mark Webster, S. 55 G/Southern Lightscapes, S. 55 G/Southern Lightscapes, S. 55 G/Southern Lightscapes, S. 56 G/Scott Robertson, S. 56 Look/Robertharding, S. 56 M/Alamy, S. 57 C/Arnaud Bertrande, S. 57 G/Kathy Collins, S. 58 G/Peter Chadwick LRPS, S. 58 M/Alamy, S. 58 M/Jason Friend, S. 58/59 G/Ray Bradshaw, S. 59 G/fotoVoyager, S. 60 G/James Ennis, S. 60 G/James Ennis, S. 60 G/John Finney Photography, S. 60/61 G/Chris Hepburn, S. 60/61 G/John Finney, S. 61 G/Ben Pipe, S. 61 G/Eleanor Scriven, S. 61 G/James Ennis, S. 61 G/R A Kearton, S. 61 M/Chris Herring, S. 62 G/Chris Hepburn, S. 62 G/David Williams, S. 62 G/Joe Daniel Price, S. 62 G/Peter Lourenco, S. 62/63 G/Alan Novelli, S. 62/63 G/James Ennis, S. 63 G/Osian Rees, S. 64 G/Descliks2bretagne, S. 64 G/Mathieu Rivrin, S. 64 G/Romain Bruot, S. 64 M/Alamy, S. 65 G/Philippe Saire, S. 66/67 G/Paul Biris, S. 67 G/Mario Colonel, S. 68/69 G/Fhm, S. 69 G/Aloïs Peiffer, S. 69 G/Fhm, S. 70/71 G/Eric Rousset, S. 71 G/David Clapp, S. 72 G/Raffi Maghdessian, S. 72 M/Alamy, S. 72/73 G/Bruno Donnangricchia, S. 73 M/Hwo, S. 74/75 Look/Sabine Lubenow, S. 75 C/Pete Leonard, S. 75 Look/Heinz Wohner, S. 75 Look/Sabine Lubenow, S. 75 M/Uwe Steffens, S. 76/77 M/Rainer Mirau, S. 77 G/Andreas Jäckel, S. 78/79 G/Michele Falzone, S. 79 Look/Tobias Richter, S. 80 G/Moritz Wolf, S. 80 M/Stefan Hefele, S. 81 G/Michael Krutzenbichler, S. 81 G/Moritz Wolf, S. 82 G/Hans Georg Eiben, S. 82 G/Markus Keller, S. 82 M/Sonderegger Christof, S. 82/83 G/Alexander Schnurer, S. 84/85 G/Federica Grassi, S. 85 G/Frank Lukasseck, S. 85 G/Frank Lukasseck, S. 85 M/Alamy, S. 85 M/P. Kaczynski, S. 86/87 M/Alamy, S. 87 G/Ketkarn Sakultap, S. 88/89 G/Arto Hakola, S. 89 G/Arto Hakola, S. 89 G/Renelo, S. 89 G/Sorin Rechitan, S. 90 G/Dieter Meyrl, S. 90/91 M/Alessandra Sarti, S. 92 G/Gerrit Fricke, S. 92 G/Karol Majewski, S. 92 G/Michal Sleczek, S. 92 G/Michal Sleczek, S. 92 G/Tomasz Pietryszek, S. 93 M/Alamy, S. 93 M/Alamy, S. 94 M/Alamy, S. 94/95 M/Alamy, S. 96/97 G/Fred Concha, S. 97 G/Alvaro Roxo, S. 97 G/Paulo Rocha, S. 97 Look/Tobias Richter, S. 97 M/Roberto Moiola, S. 98 G/Frank Lukasseck, S. 98 M/Alamy, S. 98/99 G/Akrp, S. 98/99 G/Marco Bottigelli, S. 100/101 G/Peasac, S. 101 G/Magnus Larsson, S. 101 G/Magnus Larsson, S. 101 M/Alamy, S. 101 M/Sebastian Wasek, S. 102 G/Abraham Blanco, S. 102 G/Roberto Herrero Garcia, S. 102 G/Roberto Herrero Garcia, S. 102/103 G/Ramy Maalouf, S. 103 G/Roberto Herrero Garcia, S. 104 M/Alamy, S. 104 M/Alamy, S. 104 M/Alamy, S. 104/105 M/Alamy, S. 105 G/Arnaud Bertrande, S. 106/107 G/Guillermo Casas Baruque, S. 107 G/Maya Karkalicheva, S. 108 C/Atlantide Phototravel, S. 108 G/Frank Lukasseck, S. 109 G/DaLiu, S. 109 G/Santiago Urquijo, S. 109 M/Alan Dawson, S. 109 M/Jordi Chias, S. 110/111 G/Thanapol Tontinikorn, S. 111 G/Katerinasergeevna, S. 112 M/ClickAlps, S. 112 M/Giordano Bertocchi, S. 112 M/Giordano Bertocchi, S. 112/113 G/Luca Scalmati, S. 112/113 G/REDA&CO, S. 113 G/Gina Pricope, S. 113 G/Gina Pricope, S. 113 G/Gina Pricope, S. 113 G/Gina Pricope, S. 114/115 G/Luigi Alesi, S. 114/115 G/Luigi Alesi, S. 115 G/Lorenzo Mattei, S. 116/117 G/Guy Edwardes, S. 117 G/Guy Edwardes, S. 118 G/GoodLifeStudio, S. 118 G/Markovigor.com, S. 119 G/Joanna Ho, S. 119 G/V. Giannella, S. 119 G/V. Giannella, S. 119 Look/Günther Bayerl, S. 120 G/Cristian Lee, S. 120 G/Istvan Kadar, S. 120 G/Laurentiu-Mihai Panaete, S. 120/121 G/Marian Poar, S. 121 G/Dragos Pop, S. 122 G/GoodLifeStudio, S. 122 G/Maya Karkalicheva, S. 122 G/Maya Karkalicheva, S. 122/123 G/Maya Karkalicheva, S. 123 G/Maya Karkalicheva, S. 123 G/Maya Karkalicheva, S. 124 G/Maya Karkalicheva, S. 124 G/Maya Karkalicheva, S. 124 G/Maya Karkalicheva, S. 124 G/Maya Karkalicheva, S. 124/125 G/Maya Karkalicheva, S. 125 G/Maya Karkalicheva, S. 125 G/Maya Karkalicheva, S. 125 G/Maya Karkalicheva, S. 126 G/Andrea Pistolesi, S. 126 G/Egmont Strigl, S. 126/127 G/Andrea Pistolesi, S. 128/129 G/Carsten Schanter, S. 129 G/Evgeni Dinev, S. 130 G/Aaron Geddes, S. 130 G/Basimich, S. 130 G/Radek K., S. 130/131 G/Christoph Maas, S. 131 G/Dmitry Naumov, S. 131 G/Stavros Markopoulos, S. 131 G/Stavros Markopoulos, S. 131 G/Stavros Markopoulos, S. 132/133 G/Mammuth, S. 133 G/Christina Krutz, S. 133 G/DamianKuzdak, S. 133 G/Michael Breuer, S. 134/135 G/Anton Petrus, S. 135 G/Roman Kharlamov, S. 135 M/Roman Kharlamov, S. 136 G/Gordon Wiltsie, S. 136 G/Parshina Olga, S. 136 G/Parshina Olga, S. 136/137 G/Richard Seeley, S. 137 G/Parshina Olga, S. 138 G/Yevgen Timashov, S. 138 G/Yevgen Timashov, S. 138 G/Yevgen Timashov, S. 138/139 G/Yevgen Timashov, S. 139 G/Konstantin Voronov, S. 140/141 G/Yevgen Timashov, S. 141 G/Yevgen Timashov, S. 141 G/Yevgen Timashov, S. 141 G/Yevgen Timashov, S. 141 M/Eric Dragesco, S. 142/143 G/ViewStock, S. 144 G/Ingram Publishing, S. 145 G/Anton Petrus, S. 145 G/Anton Petrus, S. 145 G/Anton Petrus, S. 145 G/Ed Gordeev, S. 146 G/Denis Svechnikov, S. 146 G/Denis Svechnikov, S. 146 G/Denis Svechnikov, S. 146/147 M/Alamy, S. 147 M/Julien Garcia, S. 147 M/Julien Garcia, S. 148 G/Anna Dobos, S. 148 G/CaoWei, S. 148 G/Siavash, S. 149 G/Danny Hu, S. 149 G/Reimar Gaertner, S. 150 G/Dmytro Tokar, S. 150/151 G/Ido Meirovich, S. 150/151 G/Ilan Shacham, S. 150/151 G/Ilan Shacham, S. 151 G/Ilan Shacham, S. 151 G/Ilan Shacham, S. 151 G/Ilia Shalamaev, S. 151 G/PhotoStock-Israel, S. 152 G/Nicholas Olesen, S. 152 G/Philippe Brunoro, S. 152 G/Wanson Luk, S. 152/153 G/Boom Chuthai, S. 153 G/Anton Petrus, S. 154/155 G/Serg_R, S. 155 G/Mariusz Kluzniak, S. 155 G/Mariusz Kluzniak, S. 155 G/Mariusz Kluzniak, S. 155 G/Mariusz Kluzniak, S. 156 G/Didier Marti, S. 156 G/Jean-Philippe Tournut, S. 156 M/Alamy, S. 156/157 G/Ratnakorn Piyasirisorost, S. 156/157 G/Ratnakorn Piyasirisorost, S. 157 G/Jean-Philippe Tournut, S. 158/159 G/SinghaphanAllB, S. 159 G/Anton Petrus, S. 159 G/Anton Petrus, S. 159 G/Anton Petrus, S. 159 G/Francesco Vaninetti, S. 160/161 G/Yuhan Liao, S. 161 G/Feng Wei, S. 162 G/Eastimages, S. 162 G/ViewStock, S. 162/163 G/ViewStock, S. 162/163 G/ViewStock, S. 163 G/Kelly Cheng, S. 163 G/Kelly Cheng, S. 163 M/Alamy, S. 164 G/Istvan Kadar, S. 164/165 C/Bruno Morandi, S. 166/167 G/Wtsoki905/Imazins, S. 167 C/Topic Photo Agency, S. 167 G/Jong-Won Heo, S. 167 G/Shene, S. 167 M/Alamy, S. 168 G/CJFAN, S. 168 G/Mr Monchai Awae, S. 168 G/Sunrise@dawn Photography, S. 168/169 G/FuYi Chen, S. 169 G/FuYi Chen, S. 169 G/John Holmes, S. 170 G/Shinichiro Saka, S. 170 G/Shinichiro Saka, S. 170/175 G/Yuga Kurita, S. 171–174 G/Shinichiro Saka, S. 175 G/Shinichiro Saka, S. 176 M/Alamy, S. 176/177 G/Putt Sakdhnagool, S. 177 G/Imagenavi, S. 177 G/Ippei Naoi, S. 177 G/Tomosang, S. 178/179 G/Punnawit Suwuttananun, S. 179 G/Kampee Patisena, S. 179 G/Mekdet, S. 179 G/Punnawit Suwuttananun, S. 179 G/Punnawit Suwuttananun, S. 181 G/Asif Saeed, S. 181 G/Asif Saeed, S. 181 G/Punnawit Suwuttananun, S. 182 G/Anan Charoenkal, S. 182 G/Athit Perawongmetha, S. 182 G/Witchaphon Saengaram, S. 182/183 G/David Davidov, S. 183 G/Theerayoot Tapina, S. 183 M/Eric Dragesco, S. 184 G/Kwanchai_K photograph, S. 184 G/Nobythai, S. 184 G/www.tonnaja.com, S. 184/185 G/Anuchit Kamsongmueang, S. 185 G/Suttipong Sutiratanachai, S. 186/187 G/Kampee Patisena, S. 187 G/Chanon Kanjanavasoontara, S. 187 G/Sirachai Arunrugstichai, S. 187 G/Stephen Frink, S. 187 G/Stephen Frink, S. 187 G/Steve De Neef, S. 187 G/Sunphol Sorakul, S. 187 G/Takau99, S. 188 G/Chi My Trung Hamaru, S. 188 G/Ho Ngoc Binh, S. 188 G/Ho Ngoc Binh, S. 188/189 G/Ho Ngoc Binh, S. 189 G/Ho Ngoc Binh, S. 190 G/Juhku, S. 190 G/Phil Curtis, S. 190/191 G/Tristan Savatier, S. 191 G/Fletcher & Baylis, S. 191 G/John Crux, S. 192 M/Alamy, S. 192/193 G/Puripat Lertpunyaroj, S. 193 G/Dinno Sandoval, S. 194 M/Alamy, S. 194 M/Connie Bransilver, S. 195 G/C. Dani I. Jeske, S. 195 M/Anup Shah, S. 195 M/Anup Shah, S. 195 M/Anup Shah, S. 196 G/Aumphotography, S. 196/197 G/Supoj Buranaprapapong, S. 197 G/Raung Binaia, S. 198/199 C/Thomas Marent, S. 200/201 C/George Steinmetz, S. 201 G/havesceen, S. 202/203 C/Konrad Wothe, S. 203 C/Konrad Wothe, S. 203 C/Martin Willis, S. 203 C/Martin Willis, S. 203 C/Martin Willis, S. 203 G/Andrew Watson, S. 203 G/Ignacio Palacios, S. 204/205 G/Viktor Posnov, S. 205 G/Panoramic Images, S. 206/207 C/Steve Parish, S. 207 C/Mick Roessler, S. 207 C/Steve Parish, S. 207 G/Peter Walton, S. 207 G/Peter Walton, S. 207 G/Peter Walton, S. 207 G/Richard I'Anson, S. 208 G/Greenantphoto, S. 208/209 C/Paul A. Souders, S. 208/209 G/Ignacio Palacios, S. 209 C/Brooke Whatnall, S. 210 G/Theo Allofs, S. 210/211 G/Julie Fletcher, S. 212/213 G/Viktor Posnov, S. 213 G/Nigel Killeen, S. 213 G/Nigel Killeen, S. 214/215 G/Byron Tanaphol Prukston, S. 214/215 G/Kathryn Diehm, S. 214/215 G/Viktor Posnov, S. 215 G/Jesse Swallow, S. 215 G/Paparwin Tanupatarachai, S. 215 G/Viktor Posnov, S. 215 G/Viktor Posnov, S. 216/217 G/Viktor Posnov, S. 217 G/Viktor Posnov, S. 217 G/Viktor Posnov, S. 218/223 G/Viktor Posnov, S. 218/223 M/Alamy, S. 219–222 G/Southern Lightscapes, S. 223 G/Auscape, S. 223 G/Viktor Posnov, S. 223 G/Viktor Posnov, S. 224/225 M/Gerhard Zwerger-Schoner, S. 225 G/Julie Fletcher, S. 225 G/Julie Fletcher, S. 226/227 G/Sino Images, S. 227 C/Colin Monteath, S. 227 G/Kathryn Diehm, S. 228/229 C/Adam Burton, S. 229 G/, S. 230 C/Tui De Roy, S. 230/231 C/Tui De Roy, S. 231 C/Tui De Roy, S. 231 C/Tui De Roy, S. 231 M/Tui De Roy, S. 232/233 G/Tan Yilmaz, S. 233 C/Christopher Ward, S. 233 C/Keren Su, S. 233 G/Ethan Daniels, S. 233 G/Tan Yilmaz, S. 233 G/Wildestanimal, S. 234 G/Peter Pinnock, S. 234/235 C/Chris Newbert, S. 235 C/Chris Newbert, S. 235 C/Chris Newbert, S. 235 C/Chris Newbert, S. 235 C/Hal Beral, S. 235 C/Hans Leijnse, S. 235 C/Norbert Wu, S. 235 C/Norbert Wu, S. 235 G/Chris Newbert, S. 236/237 Look/TerraVista, S. 237 C/Doug Perrine, S. 237 C/Sylvain Grandadam, S. 238/239 C/Andy Rouse, S. 240 G/Egmont Strigl, S. 240/241 M/Westend61, S. 241 G/Egmont Strigl, S. 242 M/Daniele Occhiato, S. 242 M/Lesley van Loo, S. 242 M/Winfried Wisniewski, S. 242/243 G/Ira Block, S. 243 M/Alamy, S. 243 M/Bruno Amicis, S. 243 M/Daniel Heuclin, S. 243 M/Thijs van den Burg, S. 244/245 G/Tobias Helbig, S. 245 G/Kazuyoshi Nomachi, S. 245 G/Konrad Wothe, S. 245 G/Konrad Wothe, S. 245 G/Mansour Ali, S. 246 G/Luis Javier Sandoval, S. 246/247 G/Luis Javier Sandoval, S. 247 G/Borat Furlan, S. 247 G/Borat Furlan, S. 247 G/Borat Furlan, S. 247 G/Borat Furlan, S. 247 G/Borat Furlan, S. 247 G/Luis Javier Sandoval, S. 247 G/Luis Javier Sandoval, S. 248 G/L. Romano, S. 248/249 M/Alamy, S. 249 M/Anup Shah, S. 249 M/Fiona Rogers, S. 249 M/Frans Lanting, S. 250 M/Nigel Pavitt, S. 250/251 A/Titti Soldati, S. 251 C/George Steinmetz, S. 252 C/George Steinmetz, S. 252 C/George Steinmetz, S. 252 G/Mike D Kock, S. 252/253 M/Alamy, S. 253 M/John Warburton-Lee, S. 254/255 M/Gerard Lacz, S. 255 G/Berndt Fischer, S. 255 G/G. Cappelli, S. 255 G/Joel Sartore, S. 255 G/Martin Willis, S. 255 G/R. Portolese, S. 256 M/Cyril Ruoso, S. 257 G/Grafissimo, S. 257 M/Alamy, S. 257 M/Ch'ien Lee, S. 257 M/Jürgen & Christine Sohns, S. 258 G/Sudhir Misra, S. 258 M/Marg Wood, S. 258 M/Wim van den Heever, S. 259 G/Frédéric Soltan, S. 259 M/Frans Lanting, S. 259 M/Gerard Lacz, S. 260 G/Jean-Paul Chatagnon, S. 260 G/Joel Sartore, S. 260 M/Alamy, S. 260 M/Alamy, S. 260/261 G/Eric Baccega, S. 262 G/Fabio Pupin, S. 262 M/Alamy, S. 262 M/Alamy, S. 262 M/Alamy, S. 262 M/Alamy, S. 262 M/Alamy, S. 262 M/Alamy, S. 262 M/Eric Baccega, S. 262/263 G/Fabio Pupin, S. 263 M/Alamy, S. 264 G/Pascal Boegli, S. 264 G/Pascal Boegli, S. 264/265 G/Trevor Cole, S. 265 A/Prisma Bildagentur AG, S. 265 C/Atlantide Phototravel, S. 266 C/Gavin Hellier, S. 266 C/Gavin Hellier, S. 266 M/Stefan Auth, S. 266/267 M/age, S. 267 C/Anup Shah, S. 267 C/Anup Shah, S. 267 G/Jeremy Woodhouse, S. 267 G/John Elk, S. 267 M/Michaela Walch, S. 268 G/Morgan Trimble, S. 268 M/age, S. 268 M/Martin Zwick, S. 268/269 G/Ronan Donovan, S. 269 A/Arco Images, S. 269 C/Eddi Boehnke, S. 269 C/Kazuyoshi Nomachi, S. 269 C/Thomas Marent, S. 269 G/Christopher Kidd, S. 269 G/Martin Zwick, S. 269 G/Nigel Pavitt, S. 270 C/Martin Harvey, S. 270 G/Miguel Sanz, S. 270/271 G/Elliott Neep, S. 271 G/SoopySue, S. 272 Look/Minden Pictures, S. 272/273 G/Ignacio Palacios, S. 273 G/Feargus Cooney Photography, S. 274 G/Marc Guitard, S. 274 G/Traumlichtfabrik, S. 275 C/Kazuyoshi Nomachi, S. 275 G/1001slide, S. 276 G/Michael Fay, S. 276 G/Michael Fay, S. 276 G/Michael Poliza, S. 276/277 G/Michael Poliza, S. 277 M/Alamy, S. 278 G/R. Aaron Raymond, S. 278 G/R. Aaron Raymond, S. 278/279 G/R. Aaron Raymond, S. 278/279 G/R. Aaron Raymond, S. 279 G/John Seaton Callahan, S. 279 G/R. Aaron Raymond, S. 279 G/R. Aaron Raymond, S. 280 G/Chris Hellier, S. 280 G/David Cayless, S. 280 G/David Cayless, S. 280 G/Oliver Gerhard, S. 281 G/David Pickford, S. 282 G/Pierre-Yves Babelon, S. 283–286 G/Dennisvdw, S. 287 G/Danita Delimont, S. 287 G/David Cayless, S. 287 G/Martin Harvey, S. 287 G/Thorsten Negro, S. 288 M/Wil Meinderts, S. 288 M/Wil Meinderts, S. 288 M/Wil Meinderts, S. 288/289 M/Wil Meinderts, S. 289 M/Alamy, S. 289 M/Will Meinderts, S. 289 M/Louise Murray, S. 289 M/Wil Meinderts, S. 289 M/Wil Meinderts, S. 289 M/Wil Meinderts, S. 289 M/Wil Meinderts, S. 290 G/Rainer Mirau, S. 290/291 Look/Rainer Mirau, S. 291 M/United Archives, S. 292 G/Arnaud Spani, S. 292/293 G/Infografick, S. 294/295 G/Sakis Papadopoulos, S. 295 G/Daisuke Kurashima, S. 295 G/Ignacio Palacios, S. 296/297 Look/age, S. 297 G/Aubrey Stoll, S. 297 Look/age, S. 297 Look/age, S. 297 Look/Andreas Strauß, S. 297 M/Alamy, S. 298/299 G/Cornelia Doerr, S. 298/299 G/Franck Guiziou, S. 300 G/Arctic-Images, S. 300 M/Alamy, S. 300/301 G/Buena Vista Images, S. 300/301 G/Pol Rebaque, S. 301 G/Peter Groenendijk, S. 302/303 G/Vincent Grafhorst, S. 303 G/Vincent Grafhorst, S. 303 Look/age, S. 304 G/Dietmar Temps, S. 304 G/Hannele Lahtinen, S. 304/305 G/Luis Davilla, S. 306 G/Christopher Scott, S. 306/307 G/Christopher Scott, S. 306/307 G/Christopher Scott, S. 306/307 G/Christopher Scott, S. 308 G/Arno Meintjes, S. 308 M/Richard Du Toit, S. 308/309 G/Jason Grunstra, S. 309 G/David McCormick, S. 310 G/Panoramic Images, S. 310/311 G/WIN-Initiative, S. 312 G/Dirk Bleyer, S. 312/313 G/Chiara Salvadori, S. 312/313 G/Sara Winter, S. 313 G/Daniela White, S. 313 G/Delyth Williams, S. 313 G/Siegfried Schnepf, S. 314 G/Lanz von Horsten, S. 314/315 G/Chris Clor, S. 316 G/Hannes Thirion, S. 316 G/Petri Oeschger, S. 317 G/Gunter Lenz, S. 317 G/Heinrich van den Berg, S. 317 G/James Hager, S. 317 G/Robert Harding, S. 317 M/Pete Oxford, S. 318 G/Martin Harvey, S. 318 M/Pixtal, S. 318/319 G/Dirk Freder, S. 319 Look/Thomas Grundner, S. 320 M/Alamy, S. 320/321 G/Emil Von Maltitz, S. 320/321 M/Alamy, S. 321 G/Emil Von Maltitz, S. 321 G/Emil von Maltitz, S. 322/323 C/Strauss/Curtis, S. 323 M/Alamy, S. 323 M/Alamy, S. 324/325 G/Michele Falzone, S. 326 G/Comstock Images, S. 326/327 C/Rolf Hicker, S. 327 G/Bas Vermolen, S. 327 G/Bas Vermolen, S. 327 G/Deddeda, S. 327 G/Matt Mawson, S. 327 G/Nick Fitzhardinge, S. 327 G/Praveen P.N, S. 327 M/Jochen Schlenker, S. 328/329 C/Jochen Schlenker, S. 329 G/Darwin Wiggett, S. 330/331 G/Basic Elements Photography, S. 331 C/Michele Falzone, S. 332 C/Greg Winston, S. 332/333 G/Panoramic Images, S. 333 G/Jacob W. Frank, S. 333 G/Lijuan Guo, S. 333 M/Patrick Endres, S. 334/335 C/Mark A. Johnson, S. 335 G/Danita Delimont, S. 335 M/John Hyde, S. 336 C/Matthias Breiter, S. 336 C/Ocean, S. 337 C/Ocean, S. 337 M/Lucas Payne, S. 338/339 G/Haizhan Zheng, S. 339 G/Danita Delimont, S. 339 G/Don Johnston, S. 339 G/Donald M. Jones, S. 339 G/John E Marriott, S. 339 G/John E Marriott, S. 339 G/Matthias Breiter, S. 339 G/Sumio Harada, S. 340 C/Momatiuk - Eastcott, S. 340 G/Jeff Goulden, S. 340 M/Rainer Mirau, S. 340 M/Tom Norring, S. 340/341 Huber/Susanne Kremer, S. 341 G/Ralph Clevenger, S. 342 C/Gerald & Buff Corsi, S. 342/343 G/Alan Copson, S. 342/343 G/Alan Copson, S. 343 G/Ben Pipe, S. 343 G/JoSon, S. 343 G/PeterLakomy, S. 343 M/Alamy, S. 344 G/Ignacio Palacios, S. 344 G/James Forsyth, S. 344 M/Alessandra Sarti, S. 344 M/Michael DeFreitas, S. 344/345 G/Ignacio Palacios, S. 345 A/Tom Till, S. 346 G/JTBaskinphoto, S. 346/347 C/Rachid Dahnoun, S. 346/347 G/Jeffrey Murray, S. 347 G/Alan W Cole, S. 347 G/Muha04, S. 347 G/Witold Skrypczak, S. 347 M/Alamy, S. 347 M/Michael Weber, S. 348/349 M/Rainer Mirau, S. 349 G/Jeffrey Murray, S. 350 G/Jonny Maxfield, S. 350/351 G/Ignacio Palacios, S. 352/353 G/Eric Lo, S. 353 C/Joseph Sohm, S. 354/359 G/Michele Falzone, S. 355–358 G/Michele Falzone, S. 359 G/Jeffrey Murray, S. 360 G/Ethan Daniels, S. 360 G/Ethan Daniels, S. 360/361 M/Norbert Probst, S. 361 G/Ethan Daniels, S. 361 G/Ethan Daniels, S. 362/363 G/Danita Delimont, S. 363 G/Andrew M. Snyder, S. 363 G/Andrew M. Snyder, S. 363 G/Andrew M. Snyder, S. 363 G/Martin Ruegner, S. 363 G/Pascal Moulinier, S. 363 G/Richard Nowitz, S. 363 G/Tier Und Naturfotografie J und C Sohns, S. 363 M/Christian Ziegler, S. 364/365 M/Alamy, S. 365 G/Javier Fernández Sánchez, S. 365 G/Kryssia Campos, S. 365 G/Kryssia Campos, S. 366 G/Edson Vandeira, S. 366 G/Edson Vandeira, S. 366 M/Harald von Radebrecht, S. 366/367 C/Joe Riis, S. 367 G/Jane Sweeney, S. 367 M/Westend61, S. 368/369 M/Pete Oxford, S. 369 G/Andrea Pistolesi, S. 370 G/Eduardo Arraes, S. 370 G/Pintai Suchachaisri, S. 370 G/Tirc83, S. 370 M/Alamy, S. 371 M/Alamy, S. 371 M/Alamy, S. 371 M/Alamy, S. 371 M/Alamy, S. 371 M/Luciano Candisani, S. 371 M/Tui De Roy, S. 372 C/Frans Lanting, S. 372 G/Gabrielle Therin-Weise, S. 372 G/Westend61, S. 372 M/Frederic Soreau, S. 373 C/Frans Lanting, S. 373 C/Frans Lanting, S. 373 C/Frans Lanting, S. 373 C/Kevin Schafer, S. 373 C/Kevin Schafer, S. 373 C/Kevin Schafer, S. 373 G/Guido Agüero, S. 373 G/Pierronimo, S. 373 M/Alamy, S. 374 G/Alex Saberi, S. 374 G/Alex Saberi, S. 374 G/Alex Saberi, S. 374/375 C/Thomas Marent, S. 375 G/Gerard Blignaut, S. 375 G/Jesse Kraft, S. 376 G/Ari Martins Rodrigues, S. 376 G/James R.D. Scott, S. 376 G/Joel Sartore, S. 376 G/Steve Allen, S. 376 G/Todd Gipstein, S. 376 M/Tui De Roy, S. 376/377 G/Giovani Cordioli, S. 377 G/Westend61, S. 378/379 C/Cory Richards, S. 379 G/Jmichel Deborde, S. 380 G/Marco Bittel, S. 380 G/Mariusz Kluzniak, S. 380 G/Martinelli73, S. 381 G/Juergen Ritterbach, S. 381 G/Kim Schandorff, S. 381 M/Chris Stenger, S. 382 G/Gabriel Sperandio, S. 382 G/Massimo Borchi, S. 382 Look/age, S. 382/383 G/Agustavop, S. 383 G/Aumphotography, S. 384/385 G/Christian Handl, S. 384/385 G/Jorge León Cabello, S. 385 G/Artie Ng, S. 386 G/Gcoles, S. 387 G/Bruce Hood, S. 387 G/Eric Hanson, S. 388/389 G/Mariusz Kluzniak, S. 389 G/Federica Grassi, S. 389 G/Klaus Balzano, S. 389 G/Klaus Balzano, S. 389 G/Philippe Widling, S. 390 G/Luis Davilla, S. 390/391 G/Michael Shmelev, S. 390/391 G/Noppawat Tom Charoensinphon, S. 390/391 G/Hubert Zegota, S. 391 G/Francisco Andrade, S. 391 G/Rafax, S. 391 G/Sathish Jothikumar, S. 391 G/SinghaphanAllB, S. 392 G/Paul Grace, S. 392 G/Paul Grace, S. 392 G/Paul J Davis, S. 392 G/Robert Harding, S. 392/393 G/Sergio Pitamitz, S. 393 G/Ben Cranke, S. 394 G/Doug Gimesy, S. 395 Look/Minden Pictures, S. 395 Look/Minden Pictures, S. 396 G/Calin Hertioga, S. 396 G/MB Photography, S. 396 G/Ruben Earth, S. 397 G/Andy Rouse, S. 397 G/Arthur Machado, S. 397 G/Henryk Sadura, S. 397 G/Ruben Earth.

St.-Cajetan-Straße 41
81669 München
Tel. +49 89 45 80 20-0
Fax +49 89 45 80 20-21
www.kunth-verlag.de
info@kunth-verlag.de

Printed in Slovakia

Texte: Özlem Ahmetoglu, Stephanie Fischer, Katinka Holupirek, Laura Joppien, Andrea Lammert, Andrea Rudolf